Je suis un alchimiste, activiste,
archiviste, de savoirs archimixtes.

Simple corps astral, magistral,
et gardien d'une sagesse ancestrale.

Voie du tao, ma monture est un dragon,
je vogue dans ce chaos, tel une pirogue mauie sur un lagon.

Je suis le sombre disciple, d'une lumière invisible,
cheminant vers sa cible, tel une flèche invincible.

Voie rectiligne, de zéro à héros,
je *follow* les signes, #Santiago 2.0.

RÉIN KARMA TIONS

ISBN : 978-2-412-08931-6
Dépôt légal : mai 2023
Imprimé en France par Normandie Roto Impression s.a.s (2301710)

Illustrations de Mohamed Labidi

Éditions First, un département d'Édi8
92, avenue de France
75013 Paris

firstinfo@efirst.com
www.editionsfirst.fr

by STEVE®

RÉIN KARMA TIONS

TOMBE SIX FOIS RELÈVE-TOI SEPT

FIRST
ÉDITIONS

Modus operandi

Cet objet littéraire non identifié est une véritable expérience immersive grâce au triptyque texte, son et image.

Le récit vous fera voyager dans l'espace et dans le temps.

Pour la première fois mondialement, un récit est porté par un *soundtrack* composé de tons isochrones accessible *via* ce QR code. Les fréquences sonores bêta, 17 hz et 20 hz, ont été sélectionnées afin de permettre à votre cerveau d'atteindre un état de concentration optimale, induisant une augmentation de votre vitesse de compréhension qui stimule vos capacités de conceptualisation. La lecture accompagnée de cette hydratation sonore vous conduira à la satiété intellectuelle.

Les illustrations proposées à chaque ouverture de chapitre viendront jalonner votre imaginaire.

Je vous suggère de lire une couleur par jour, accompagné·e de la bande-son.

Une fois la partie achevée, je vous invite à retourner dans le monde de l'Âme afin d'y méditer profondément. Surlignez les passages qui vous interpellent, barrez, entourez, annotez, pointez le texte… Donnez vie au récit.

Vous plongerez ainsi dans un univers profondément métatextuel qui vous poussera à vous interroger sur votre propre perception du monde et du temps qui passe.

Après la lecture de cet ouvrage, il conviendra de parfaire vos recherches à la fois sur les intrigues, les personnages et les situations imbriquées, mais aussi et surtout sur vous-même !

Un *shadow work* s'impose à vous.

Ainsi, dans les ténèbres,
chacun découvrira en soi
l'invincible lumière.

Noir

ACTE I

« Si vous n'aviez pas commis de grands péchés,
Dieu n'aurait pas envoyé une punition
comme moi sur vous. »

Ces mots résonnent en boucle, tel un mantra, dans son esprit.

Ce matin d'été 1281, dans la baie de Hakata, au Japon, règne un calme d'augure incertain. Les mammifères marins semblent l'avoir désertée, quant aux oiseaux, d'habitude si nombreux et chantants, ils ont tout bonnement disparu.

Le cocktail olfactif que compose l'habituel air marin, si vivifiant, laisse place à une odeur métallique, celle du sang. Aussi, bien qu'aucun volcan ne soit en éruption, des effluences de soufre paraissent transpirer à travers le sable de cette plage.

Même le vent, d'ordinaire si vif, semble alourdi par cette épaisse atmosphère.

Le ciel s'assombrit et, au loin, ce bleu si particulier de la mer du Japon se transforme brusquement en un tapis noirci par l'ombre d'une flotte indénombrable s'approchant furieusement de l'archipel.

Les vagues se retirent, comme happées par les voiles de ce funeste cortège. L'horizon est recouvert par la plus grande armada jamais observée, quatre mille bateaux glissent vers la baie.

Depuis Pékin, sa capitale, l'homme qui règne sans partage sur le plus grand empire de l'histoire de l'humanité a jeté son dévolu sur le Japon. Cet homme, c'est Kūbilaï Khān, le petit-fils du grand Gengis Khan !

Il domine un vaste territoire s'étendant de la mer Méditerranée, à l'ouest, jusqu'à l'océan Pacifique à l'est, en passant par la Sibérie, et cela jusqu'au nord de l'Inde, soit plus de trente-trois millions de kilomètres carrés. Jamais, au grand jamais, un empire n'a été, ou ne sera, aussi étendu que celui de Kūbilaï Khān.

Ce jour-là, une armée monumentale de cent quarante mille hommes, des Mongols, des Tatars, des Chinois, des Perses et bien d'autres combattants de cet empire multiethnique, la mort dans les pupilles, viennent s'emparer du pays du Soleil levant.

En face, en très nette infériorité numérique, des guerriers, des militaires, mais surtout des samouraïs décidés à sacrifier leur vie pour contenir ces hordes venues des steppes d'Asie centrale. Les katanas sont plus tranchants que jamais, les cavaliers et les archers sont en place et observent sereinement l'approche de l'ennemi.

La bataille de Kōan peut commencer.

Pourtant, ordre est donné aux envahisseurs de ne pas débarquer tout de suite. Ils observent et bloquent patiemment la baie. Peut-être espèrent-ils une reddition sans avoir à combattre.

Un jour passe, puis deux. Lors de la troisième nuit, le shogun Hōjō Tokimune décide d'agir et de harceler les navires mongols.

Dans la pénombre, quelques samouraïs triés sur le volet s'approchent en barque des bateaux ennemis, et se lancent dans un abordage suicidaire en les incendiant. Près d'une dizaine de bateaux sont détruits et sombrent.

Le khan se doit de réagir à ces actes qu'il reconnaît tout autant comme de la bravoure que de l'inconscience, et attaque sans attendre. À l'aube, il lance l'assaut.

Voyant les Mongols s'approcher de la plage, le shogun harangue une dernière fois ses troupes :

— Nous aimons la mort comme ils aiment la vie, nous aimons la mort comme ils aiment les conquêtes et, surtout, nous aimons la mort comme ils aiment l'Amour.

Bientôt, les corps s'empilent sur le sable qui devient orange vif, sa couleur naturelle souillée du rouge de l'hémoglobine des belligérants. Le bruit de l'acier qui s'entrechoque résonne à des kilomètres, les armures craquent, les boucliers cèdent. Des membres jonchent la plage, et, pourtant, aucun cri de souffrance ne retentit dans cette baie ; ils sont étouffés par l'horreur. La violence des combats est muette, et même sourde. Rapidement, elle devient aveugle. Les sens des combattants sont anesthésiés.

À un contre deux, parfois un contre trois ou même quatre, les samouraïs en première ligne résistent tant bien que mal. Au loin, sur son vaisseau amiral, Kūbilaï Khān observe. Il sent le point de rupture de ses adversaires approcher. Il choisit ce moment pour accentuer l'attaque.

Plus personne n'a la notion du temps, le flot des guerriers mongols se déverse, embarcation après embarcation, sur une marée croissante de cadavres bercés par les quelques vagues osant encore venir se briser sur cette plage.

Le shogun comprend alors que c'est terminé. Il se jette dans la bataille avec ses derniers cavaliers et archers. Il veut, il doit, il va mourir ici avec ses hommes.

C'est ce moment que Kūbilaï choisit pour quitter son vaisseau.

Au moment précis où l'homme le plus puissant du monde foule le sol japonais, une pluie torrentielle s'abat sur la baie.

Puis, un typhon se lève, d'une intensité, de mémoire d'homme, jamais égalée. Les bannières des deux camps s'envolent dans le ciel obscurci.

Sur la plage, aucun combattant ne peut se tenir debout. Les bateaux s'échouent ou sombrent les uns après les autres. Les vagues qui accompagnaient le raz-de-marée mongol culminent maintenant à des hauteurs atteignant cinq à six mètres et déchirent le littoral.

La panique gagne les guerriers mongols. Kūbilaï, pour rassurer et galvaniser ses troupes, hurle :

— Je suis la foudre !

Les éléments se déchaînent, les éclairs électrisent l'atmosphère, le tonnerre gronde, et dans un final paroxystique, la mer se retire pour mieux s'abattre en un tsunami qui nettoie d'une seule traite le champ de bataille.

L'armée de Kūbilaï Khān est décimée.

Du haut d'une colline qui fait office de promontoire, les voix victorieuses des quelques survivants japonais, dont le shogun, entonnent de concert et inlassablement un seul et unique mot :

— *Kamikaze, kamikaze, kamikaze* !

« Vent divin ». Oui, le vent s'est divinement levé et a anéanti l'envahisseur, son courage, sa flotte, ses hommes.

Le khan a survécu. Il est maintenant le prisonnier du shogun.

ACTE II

Le goût de la défaite n'est ni amer, ni acerbe, ni acide, ni âpre, pour Kūbilaï Khān. Il est simplement nouveau. Oui, il ne reconnaît aucunement sa saveur, et pour cause, il ne l'a jamais expérimentée. Il découvre cette sensation en se disant qu'il va devoir vivre avec.

Kūbilaï Khān est incarcéré non loin du champ de bataille, dans la province de Saga. Quand il pénètre dans sa cellule, il constate qu'un vieil homme occupe déjà les lieux. Ce dernier regarde le khan s'installer, et éclate d'un rire incontrôlable. « Qu'y a-t-il de si drôle ? », pense Kūbilaï. Le captif marmonne, il semble échanger avec des interlocuteurs imaginaires. Les deux hommes s'observent, mais ne s'adressent pas la parole.

Le manège dure plusieurs jours. Au bout de quelque temps, Kūbilaï décide de briser le silence.

— Qui es-tu vieillard ? lance le khan.

— Duanzong.

— Tiens, un Chinois ! Que fais-tu ici, emprisonné chez l'ennemi ?

— M'as-tu donc déjà oublié, mon khan ?

Interloqué, le Grand Khan se demande à qui il a affaire. Le patronyme ne lui est pas étranger, mais il ne situe pas vraiment son interlocuteur. Ses cheveux sont longs, blanchis par les décennies, sa barbe clairsemée, sa peau rongée par l'humidité du cachot.

— J'ai connu un Duanzong autrefois, mais il est mort.

— En es-tu bien sûr, ô Grand Khan ?

— Certain, vieil homme !

— Serai-je un fantôme venu de Hangzhou alors ?

Frappé par ces mots, Kūbilaï ne sait plus s'il a quitté ce monde ou s'il fait un songe. Mais, en fait, il est bien vivant et éveillé, et comprend tout à coup les mots de Duanzong de Hangzhou…

*

Nous sommes en 1276, cinq ans auparavant. Kūbilaï lance un assaut sur la ville de Hangzhou, capitale du clan Song, ville de loin la plus riche de l'empire chinois, qui échappe encore à la domination des Mongols.

Kūbilaï Khān s'empare du fief de l'empereur Duanzong Song, qui parvient à s'échapper. Mais Kūbilaï capture l'impératrice, son épouse, ainsi que le prince héritier, son unique fils. Le reste de la cour est massacré, les femmes sont violées et tous les combattants song exécutés.

Cet événement clôt la conquête de la Chine. Le Grand Khan décide de faire de Pékin la nouvelle capitale de son empire, le plus grand jamais connu. Il devient ainsi le premier empereur de Chine de la dynastie yuan.

Si la prise de guerre est incommensurable, les nombreux conseillers du khan lui rappellent que, à tout moment, Duanzong Song peut fomenter une rébellion depuis le Sud. Il convient donc de faire parler son épouse ou le jeune prince afin de savoir où se cache l'empereur vaincu. Son héritier est torturé au point de succomber à ses supplices. Quant à l'impératrice, Kūbilaï Khān la viole à plusieurs reprises pour assurer la conception d'un héritier mâle et mongol, et ainsi mettre un terme à la dynastie song.

Plus tard, le khan apprend que l'empereur Duanzong Song est mort. Apaisé, il peut enfin réaliser son rêve : conquérir l'imprenable Japon.

*

— Ton regard ne trompe pas, Grand Khan, je vois maintenant que tu sais, reprend le vieil homme.

Médusé, le khan reste bouche bée. Il finit par se reprendre et s'exclame :

— Mais, mais tu es mort ! Suis-je déjà en enfer ?

— Pas encore, mon khan. Laisse-moi t'expliquer : alors que tes guerriers me pourchassaient, un de mes hommes s'est fait passer pour moi. Il a revêtu mon casque et mon armure, puis, se sacrifiant, s'est immolé par le feu. Son corps calciné a été pris pour le mien. De mon côté, j'ai fui en Corée, puis, lorsque tu l'as conquise, j'ai fui au Japon. J'ai demandé de l'aide au shogun, mais ce dernier a vu mon arrivée comme un signe de mauvais augure et m'a enfermé ici, seul. Voilà cinq ans que je suis dans ce cachot, affaibli, vieilli et pourtant anobli. Il a fallu que je perde tout. Maintenant que tu es en face de moi, la boucle est bouclée. Il m'a fallu traverser ce que j'avais à traverser pour enfin comprendre qu'avant j'étais fort et que, maintenant, je suis puissant.

— Tu divagues vieillard. La folie s'est emparée de toi. Tu es en cellule et tu parles de puissance. Reprends-toi ! J'ai besoin que tu fasses quelque chose pour moi… Empereur Song, je préfère mourir de ta main plutôt que de celle des Japonais.

— Jamais les Japonais ne t'exécuteront Grand Khan, tu as trop de valeur. Quant à moi, je sais maintenant que tout se vaut : l'exil, la mort, la prison… Je n'ai que de la compassion à offrir, quel que soit ton chemin.

Le khan reste silencieux, troublé…

Song reprend :

— Puis-je te poser une seule question Grand Khan ?

— Parle Duanzong.

Duanzong inspire profondément. Il marque un long silence puis demande :

— Comment s'appelle-t-elle ?

Le khan se sent touché au vif. Les mots de Duanzong traversent son cœur de part en part. Ses mains deviennent moites. Il baisse la tête pour fuir le regard du vieillard. Comment sait-il ? Comment peut-il poser cette question et le toucher ainsi ? Alors qu'il fixe le sol de la cellule, bouleversé, les larmes commencent à couler sur son visage. La tristesse et la colère se mêlent à la chaleur qui envahit son corps. Il souhaiterait tant faire le vide à nouveau, tout autour de lui. Il s'éloigne de Duanzong le plus possible, jusqu'à faire face au mur de la cellule. Prostré, mais toujours digne.

Le lendemain, l'empereur déchu tente de rompre le silence.

— Gengis… quel homme, quel leader. On raconte que, par l'entremise d'un marchand perse, il a eu accès à un manuscrit secret : le parchemin de la Montagne sacrée, qui aurait appartenu à Alexandre le Grand lui-même. Ton grand-père aurait établi les lois sacrées des Mongols, la pierre angulaire de l'unification de toutes les tribus sous son unique bannière, d'après ce texte. Ainsi, l'unité de la nation mongole, le développement d'une structure militaire, la mise en place d'un droit, y compris pour les femmes, donc d'une justice pour tous, et d'une administration auraient été inspirés à ton grand-père par une sagesse venue d'une glorieuse civilisation disparue !

Le khan reste impassible, bien qu'il ait envie d'acquiescer.

Duanzong reprend alors, d'un ton léger, mais sans aucune trace de sarcasme :

— Mais si cette civilisation a périclité puis s'est éteinte, ne serait-ce pas aussi le destin qui se dessine pour ton empire, ô Grand Khan ?

— Une grande civilisation ne se construit pas uniquement avec des chevaux et de la haine ! lance Kūbilaï, comme pour adhérer à l'hypothèse de son interlocuteur. Et d'ajouter :

— Les lois de mon grand-père ont été bafouées et oubliées depuis bien longtemps.

— J'insiste Grand Khan… Comment s'appelle-t-elle ?

Le regard du khan est fixé vers un lointain qui se heurte pourtant aux murs de la cellule. Comment s'appelle-t-elle ? Il lui semble impossible de répondre à cette question tant elle vient raviver ses blessures. La gorge serrée, il ne parvient pas à retrouver la parole. Aucun son ne semble vouloir sortir de sa bouche.

Comment s'appelle-t-elle ? Parviendra-t-il à le dire ? Le voici touché au plus profond de son âme.

Les minutes passent. Les souvenirs enfouis depuis trop longtemps assaillent Kūbilaï. Pourtant, peu à peu, la clarté revient dans son esprit, son souffle se calme enfin. Il sent qu'il peut à nouveau prononcer le prénom qu'il a tu depuis trop longtemps. Alors il murmure :

— Altansarnai ! Elle s'appelle Altansarnai… Cela signifie « la rose dorée », précise le khan.

Prononcer le nom de son unique amour, ici, dans sa prison, apaise Kūbilaï. Mais cet élan, qu'il estime être un moment de faiblesse, le pousse à quelques confessions.

— Mon père est le quatrième fils de Gengis Khan. En principe, rien ne le prédestinait à devenir khan, et, par conséquent, moi, encore moins. Ainsi, je devais épouser Altansarnai, une femme que j'aimais plus que tout au monde, du plus pur, du plus sincère, du plus désintéressé des amours. Mais le trône nous est devenu accessible et j'en étais l'héritier. Mon mariage est devenu un enjeu politique, je devais choisir ma femme parmi des tribus alliées afin de consolider la coalition.

— Et Altansarnai, qu'est-elle devenue ?

— Comme je refusais de l'abandonner, les chefs de tribus m'ont fait subir un rituel des plus violents. Ils ont violé et exécuté Altansarnai sous mes yeux afin de m'endurcir, disaient-ils. Afin de me montrer que l'empire est plus important qu'une femme, que ma propre famille, que moi-même. En définitive, que toute chose. J'ai appris la leçon, et je peux te le dire, Song, ce jour-là, Kūbilaï Khān est né. Depuis, je demeure dans le noir le plus profond, je vois noir, je pense noir, je mange noir, j'aime noir, je hais noir, je respire noir !

— C'est donc cela !

— Duanzong, comment peux-tu, après ce que j'ai fait subir à ton épouse et à ton fils, être là, à bavarder avec moi, sans essayer de me trancher la gorge ?

— Je te l'ai dit, ô Grand Khan : on ne peut offrir aux autres que ce que l'on porte en soi. Je n'ai que de la gratitude et de la compassion, je ne peux rien t'offrir d'autre et je m'en excuse. Cette transformation s'est imposée à moi. Le pouvoir, la vengeance, l'ego, tout cela m'aurait tué. J'ai choisi la compassion, l'Amour.

Au-delà des murs de la cellule, les tractations pour la libération du Grand Khan vont bon train. Kūbilaï s'est en effet attaché depuis bien longtemps les services d'un marchand vénitien qu'il a nommé ambassadeur, un certain Marco Polo.

Lorsqu'il apprend, alors qu'il est à Pékin, la déroute des Mongols, il prend la route immédiatement pour Saga, au Japon, au mépris des risques auxquels ce périple et cette démarche l'exposent. Ce serait oublier qu'il est la personne idéale pour effectuer une telle médiation : son statut d'Occidental lui confère une certaine neutralité, une sorte d'immunité diplomatique.

De plus, les Vénitiens jouissent alors d'une excellente réputation dans le monde du commerce. Venise est l'étape la plus occidentale de la Route de la soie, aussi est-il important d'entretenir de bonnes relations avec ces lointains partenaires.

Alors que la négociation arrive quasiment à son terme, Marco Polo rend visite à Kūbilaï dans sa cellule.

— Salutations, Noble Khan, j'arrive avec une bonne nouvelle : demain au plus tard, vous serez libre, le traité de paix est prêt, les conditions sont bonnes et honorables pour tout le monde, les Japonais sont aussi magnanimes que pragmatiques.

— Latin ! Te voilà enfin, tu en as mis du temps.

Latin… Le surnom par lequel Kūbilaï s'adresse au Vénitien marque l'affection qu'il porte à Marco Polo.

— Sache que je ne sortirai d'ici qu'à une condition !

— Mais mon khan, l'accord est clos.

— Il ne sera clos que lorsque mon unique condition sera remplie. J'exige que Duanzong Song soit également libéré. Je l'emmène, il retrouvera son épouse.

— Il sera fait selon votre volonté, mon khan.

Le lendemain, contre la garantie d'une paix définitive, Kūbilaï est libre. Il s'engage à ne plus jamais attaquer le

Japon, et même à lui porter assistance en cas d'invasion étrangère. En outre, il offre au shogun pour le remercier le parchemin de la Montagne sacrée, dont son grand-père s'était inspiré pour établir les lois de son empire.

Duanzong Song, quant à lui, est maintenant un homme libre.

La tentative avortée de conquête du Japon de Kūbilaï Khān le précipite vers une fin inéluctable. L'autorité du khan est ébranlée, l'immense empire mongol n'aura de cesse de décliner.

Un matin d'hiver, alors que l'aube blanchit les plaines, le Grand Khan tend une dernière fois son bras en travers de sa couche, éprouvant encore et toujours l'absence d'Altansarnai.

Et c'est ainsi que, à l'âge de soixante-dix-huit ans, s'éteint le grand Kūbilaï Khān.

Le monde de l'Âme

Est-ce un miroir ?

Devant Kūbilaï Khān, un immense miroir dans un cadre de bois blanc reflète son image. Sa surface est trouble, comme une eau dans laquelle on aurait jeté un galet. Autour de son visage, Kūbilaï observe les cercles à l'infini. La surface du miroir danse autour de sa silhouette.

— Dis-moi ce que tu vois et je te dirai qui tu es, Kūbilaï.

Cette voix… Il la reconnaîtrait entre toutes. Comment est-ce possible ? La voix d'Altansarnai bourdonne dans ses oreilles. Stupéfait, Kūbilaï recule. Aucun mur ne limite ses mouvements. Est-ce le reflet qui vient de lui parler ? Alors qu'il se reconnaît dans ce miroir, c'est bien la voix d'Altansarnai qu'il entend. Tout se brouille dans son esprit. Il se retourne. L'espace est infini. Nulle part où se réfugier. Aucun mur, aucune forteresse.

— Tu te fuis ?

Le reflet ! Mon reflet s'adresse à moi… Comment est-ce possible ?

— Ici comme ailleurs, tout est possible, cher khan.

Kūbilaï se rapproche lentement du miroir et tente de toucher la surface qui se trouble à nouveau au contact de ses doigts. C'est bien son reflet qui s'y trouve, mais il ne bouge pas. Alors que lui s'avance, le reflet reste immobile. Immobile mais doué de parole.

— Que te dit ton cœur ? Te vois-tu tel que tu es, dans tous tes aspects ?

Kūbilaï s'approche, observant son reflet avec attention. Une silhouette se dessine alors peu à peu derrière son reflet à lui. La silhouette d'une femme. Kūbilaï ne peut y croire. Cette silhouette est unique. Il la reconnaîtrait entre toutes. Il l'a tellement rêvée et attendue. Son Amour, Altansarnai, pose une main sur son épaule.

Il se retourne pour lui faire face, tremblant, se croyant devenir fou. Elle est là, devant lui. Il sent la chaleur de sa main sur sa peau.

— Altansarnai…

— Tu parviens à prononcer mon nom à présent ?

Kūbilaï rêve-t-il ? Est-ce un piège ? Une chimère ? Un autre combat ? La méfiance l'emporte.

La colère revient.

— Je ressens ta colère. Tu es prêt à m'attaquer, n'est-ce pas ? Tu me vois comme une menace.

— L'es-tu ?

— Tu le crois vraiment ?

— Je ne sais ni où je suis, ni qui tu es, mais je me défendrai.

— Ainsi, je serais une menace pour toi, quelle que soit mon apparence ? Quel que soit l'endroit ?

— Tu apprendras que cette menace que tu ressens n'est que le visage du danger que tu penses être pour toi.

— Pourquoi me dis-tu ça ? Où sommes-nous ? Qui es-tu ? Réponds-moi !

— Tu ordonnes ? Tu nommeras ce monde un jour. Quant à moi, tu m'as déjà nommée. Peu importe la vérité, quelle qu'elle soit pour toi aujourd'hui.

— Chaque situation n'est que le reflet de ton degré de sommeil.

Kūbilaï s'interroge :

— Est-ce un rêve ?

— Qui sait ?

— J'ai tellement souffert. J'ai tellement fait souffrir.

— Un jour tu te pardonneras. Alors tu pardonneras à autrui.

— Comment pourrais-je pardonner à ceux qui m'ont privé de toi, de ce que j'aimais plus que tout au monde, du plus pur, du plus sincère, du plus désintéressé des Amours. Comment faire taire la rage qu'a engendrée cette perte ? Celle qui m'a mené aux plus grands combats ? Aux plus belles victoires ? Vivre avec cet Amour m'aurait perdu, il me rongeait, il m'anéantissait. Toutes les heures de ma vie étaient marquées par la souffrance qu'il m'infligeait, du matin de mes réveils aux rêves de mes nuits. Mon seul moyen de survivre était de transformer cet Amour en rage. J'ai donc choisi la haine, elle m'a maintenu en vie. Après t'avoir perdue, j'ai détesté toutes les femmes, puis haï tous les hommes qui les aimaient et tous les enfants issus de leur union. Ainsi l'humanité entière a fini par me faire horreur et je l'ai combattue pour l'anéantir. Ma survie en dépendait.

— Alors tu vas apprendre et apprendre encore, mon khan. Tu apprendras que, au cœur même de toute expérience humaine, il existe un esprit qui tente de s'ouvrir. La souffrance vient uniquement de la beauté de cet esprit, qui n'est ni vu ni reconnu.

— Quelque chose de profond essaye de se libérer et de guérir. Écoute-le.

— Altansarnai, mon Amour, la douceur de tes mots m'a tellement manqué. J'ai tant aimé écouter ton Âme chuchoter à la mienne. J'aurais tout donné pour revivre un seul de nos instants partagés, lorsque nous étions blottis l'un contre l'autre, lorsque je pressais mon torse contre ton dos, allongé tout contre toi, sentant la caresse de tes cheveux sur ma peau.

— Kūbilaï… lorsque je m'adressais alors à toi : as-tu écouté ou seulement entendu ? As-tu écouté pour comprendre ou bien écouté pour me répondre, avec tes arguments, avec ta colère, avec ta tristesse ?

— Je ne sais plus rien… J'ai tellement détesté te perdre.

— Détesté ? Je reconnais bien là tes jugements et tes emportements, Kūbilaï. Tu n'as donc pas changé.

— Comment en aurait-il pu être autrement ?

Altansarnai serre tendrement les mains de Kūbilaï entre les siennes.

— Souviens-toi simplement, Kūbilaï : quand tu détestes une chose, souviens-toi de la laideur d'une chose que tu as aimée. Et rends-toi compte que ton jugement n'a que peu de valeur. Quand tu aimes une chose, rappelle-toi de la beauté d'une chose que tu as détestée. Et rends-toi compte que ton jugement n'a que peu de valeur.

Kūbilaï repousse les mains d'Altansarnai.

— Comment peux-tu croire une seconde que je t'ai détestée, toi mon Aimée, toi que je plaçais au-dessus de toute chose ? Je n'ai jamais détesté t'aimer !

— Jamais ? N'as-tu pas détesté m'aimer et vivre ma disparition à la fois ? Ne t'es-tu pas dit que tu n'aimerais plus jamais, pensant ainsi que tu ne souffrirais plus jamais ? N'as-tu pas hurlé ta douleur de m'avoir aimée et perdue ? N'as-tu pas juré que tu n'aimerais plus personne ?

— Oui, je l'ai fait.

— Alors m'avais-tu entendue ou vraiment écoutée, Kūbilaï ? As-tu laissé croître la paix, l'Amour et l'abondance ou as-tu érigé des forteresses ?

— J'ai combattu.

— À quoi donc a servi ta colère, Kūbilaï ?

— À combattre.

— C'était ta présence au monde, à ce moment-là, dans cette vie-là, dans cet espace et ce temps-là... Et à quoi t'a servi ta rage ?

— À détruire.

— Pourquoi ?

— Pour oublier tout ce qui était si difficile, si négatif.

— Tu apprendras à donner une dimension positive à ce qui est négatif.

— Comment ?

— Tu apprendras qu'accueillir pleinement et accepter une expérience négative est positif. Tu apprendras que vouloir vivre une expérience uniquement positive est négatif.

Kūbilaï se redresse et fixe sa bien-aimée.

— Apprendre ?

— Tu ne souhaites pas apprendre ?

— Pourquoi apprendre ?

— J'entends ton ego qui se débat, Kūbilaï. Souhaites-tu que je vous laisse seul encore une fois, comme sur Terre ? Dans notre vie ensemble, j'avais la capacité de toucher ton cœur. Ma mission de vie était de te rencontrer et de tenter d'y parvenir. C'était un contrat passé entre nos Âmes, c'était nos chemins. T'es-tu laissé toucher ? Je n'avais qu'une seule et unique mission. Il ne s'agissait pas d'engendrer des enfants, ni même de jouir d'un empire. Toute ma vie a été construite pour une seule tâche : être Amour, douceur et bienveillance pour que tu t'en imprègnes toi aussi. Tu as eu le choix : bâtir le plus grand des empires tout en honorant ce que je t'avais offert, ou choisir la peine, la rage et la colère et punir la terre entière.

— Je me suis effondré… Quelque chose est né au plus profond de moi et m'a submergé. J'ai perdu ma souveraineté ce jour où ma haine a pris le dessus, décidant pour moi, s'installant sur le trône à ma place. Alors je me suis relevé, j'ai combattu.

— Et ainsi parle ton ego, encore une fois. Tu en es là. Comment aurais-je pu te combler ; comment remplir un verre qui est déjà plein ? Tu étais plein de ton ego. Ta lumière, ton Âme ne pouvait avoir assez de place pour s'exprimer, pour que tu les écoutes enfin. Tu en étais là. Tu apprendras ce que sont la douleur et la souffrance. Et souvent, en toi, se débattront la colère et la paix, la joie et la peine, la lumière et les ombres. En toi, se débattront la lumière et les ombres, la joie et la peine, la colère et la paix, chacun tirant sur les rênes que tu tentes de contrôler. Leur réconciliation fera naître cette paix, et c'est elle qui te transportera. Ainsi tu te rappelleras que tout en toi a de la valeur, tout ce que tu es est beau, absolument tout... As-tu un besoin ? As-tu une demande ?

— Mon besoin ? Ma demande ?

Altansarnai s'agenouille devant Kūbilaï et pose ses mains sur les siennes.

— Oui, tu m'as entendue.

— Je souhaiterais retrouver mon Âme sœur, celle que tu es.

— Tu souhaiterais retrouver ton Âme sœur ? Et ce serait moi ?

— Oui. Je le souhaite tant.

— Alors tu apprendras que chercher l'Âme sœur à l'extérieur de soi est comparable à la recherche du paradis dans la mort alors même que tu ne l'as pas trouvé dans la vie.

— Pourquoi ?

— Tu l'apprendras, Kūbilaï. Car tu as déjà appris dans cette vie qui était la tienne.

— Qu'ai-je appris ?

— Tu as appris ce que tu savais déjà : que l'Amour existe.

— L'Amour ? Et mes ennemis, je devais les aimer aussi ?

— Ils n'étaient pas tes ennemis. Ils étaient tes enseignants. Tu pourrais passer toutes tes vies à attendre que quelqu'un s'excuse ou assume à ta place la responsabilité de ta blessure, mais ainsi tu confies à un autre la responsabilité de ta guérison. Et ainsi tu perds ta souveraineté. Un jour, tu lâcheras prise et tu soigneras toi-même ces plaies, en être responsable. Tu reprendras ainsi en main ton pouvoir de guérir. Car c'est toi qui le détiens.

— Alors j'ai goûté à l'Amour ?

— Tu as commencé cet apprentissage. Sur la fin de ta vie, Kūbilaï, tu as appris la modération et l'équilibre des contraires. Pourtant, la peur et la rage brouillent encore ton jugement.

— Alors, que faire de cette peur ?

— La peur, tout comme la colère, la rage, la tristesse, le désespoir, chacune de tes facettes, ont besoin d'être considérées. Elles ont besoin d'Amour elles aussi. Et cela aussi tu l'apprendras. Tu iras vers l'unité car la dualité mène à la peur et la peur à l'ignorance. Autrui n'est pas un double menaçant. Autrui est Amour, tout comme toi.

— Autrui est Amour ?

— Oui. Lorsque tu auras appris, c'est inspiré par l'Amour que tu t'exprimeras. Mon khan, tu n'as pas vu que ton ego te tendait un piège. Tu aurais pu choisir de gagner la seule guerre qui soit : celle contre toi-même. Cela aussi tu l'apprendras.

— Et comment apprendrai-je tout cela ?

— Tu traverseras les formes, les époques, les espaces, et ainsi tu apprendras à te connaître, à avoir conscience de toi, de ta valeur, à t'estimer. Et enfin, à t'aimer.

— Est-ce là ce que tu attends de moi ?

— Je n'attends rien de toi. Seuls les humains attendent des autres pour compenser tout ce qu'ils n'ont pas su s'offrir à eux-mêmes. Plus tu sauras t'apporter de l'Amour, inconditionnellement, moins tu auras besoin de l'Amour des autres pour compenser celui que tu n'as pas été capable de te donner à toi-même. Alors tu connaîtras la pureté de l'Amour.

— Cette étape est celle du pardon des parts d'ombre…

— Quand tu seras à cette étape, tu le sauras.

Alors qu'Altansarnai prononce ces mots, sa silhouette commence à s'effacer, lentement, doucement.

Au désespoir, Kūbilaï tend la main vers celle qui, à nouveau, quitte sa vie. Et alors qu'il s'évanouit, il entend les derniers mots de celle qu'il a tant aimée :

« *Ô Âme, durant ton rêve éveillé, ne te rendors pas !* »

Rouge

ACTE I

Un homme habillé d'un somptueux kimono blanc lit un court texte :

« C'est un point de vue intéressant
que de voir le monde comme un rêve.
Quand on fait un cauchemar et qu'on se réveille,
On se dit que ce n'était qu'un rêve.
Il est dit que le monde dans lequel nous vivons
N'est en réalité pas très différent d'un rêve... »

Son visage ne laisse transparaître aucune émotion. Il se tient au milieu du dojo, entouré d'une cinquantaine d'hommes tous revêtus de tenues traditionnelles et installés en cercle. Le silence règne.

Le maître presse Tashiro de rentrer, la cérémonie est sur le point de commencer. Du haut de ses dix ans, le jeune garçon est impressionné par la majesté du lieu. Il ignore tout de ce qui arrive ; on lui indique juste où s'asseoir : dans un coin, avec une dizaine d'autres d'enfants.

L'homme au kimono blanc est au centre de la pièce. Il s'agenouille, puis place délicatement, face à lui, un long sabre, son *katana*. Il réitère son geste, mais cette fois-ci avec son deuxième sabre, plus court, un *wakazashi*. Enfin, il brandit haut un poignard double tranchant, son *tantō*, afin que toute l'audience puisse bien le distinguer. La lame en est tellement tranchante que l'arme est enveloppée dans du papier de riz afin d'éviter toute coupure.

On sert un saké à l'homme au kimono blanc, il le déguste patiemment.

Dans la foulée et sans aucune transition, il ouvre le haut de son kimono, saisit son *tantō*, le plonge dans son ventre qu'il tranche verticalement depuis le nombril jusqu'au sternum sans même cligner des yeux. Le sang jaillit, l'effusion est impressionnante, s'écoulant comme au ralenti.

Un des enfants apprenti samouraï se lève, saisit le *katana* et assène sur la nuque de l'homme un coup net et rapide comme l'éclair, la tranchant net. Le sang éclabousse les enfants, les yeux de Tashiro en sont emplis. Comme le veut la tradition, les souffrances de l'homme ont été abrégées. Le seppuku a été exécuté dans les règles de l'art.

Ce suicide rituel, réservé aux samouraïs, est généralement accompli lorsque, ayant perdu leur seigneur, ils souhaitent le rejoindre dans la mort. Ou lorsque ces guerriers transgressent le code d'honneur des samouraïs : le *bushidō*, « la voie du guerrier ».

Tashiro n'a pu assister qu'à la première partie de la cérémonie. Étranger à ces pratiques et venant d'un tout autre milieu, la violence du rituel et le choc de la surprise lui ont fait perdre connaissance.

Quand il revient à lui, écœuré, il comprend où il se trouve et ce qui l'attend.

C'est ainsi que Tashiro Tsuramoto, âgé de dix ans, vit ses premiers instants dans le *koryū,* l'école de samouraïs, de Saga.

La province de Saga est alors sous l'autorité du clan Nabeshima et de son daimyo. Les daimyos sont issus de la classe militaire qui dirige le Japon. Ils sont sous les ordres d'un shogun, le général en quelque sorte, qui lui, est au service de l'empereur.

ACTE II

En ce début dc XVIIIe siècle, au Japon, l'élève aspirant samouraï est souvent soit lui-même fils de samouraï, soit issu d'une certaine aristocratie.

Dès leur plus jeune âge, parfois même dès qu'ils ne sont plus nourris au sein maternel, les futurs samouraïs sont soumis à une éducation des plus austères, qui commence par un sevrage de tout type d'affection parentale, privés de contacts humains et même de toute manifestation de tendresse. Un carcan émotionnel d'une extrême rigueur dont le but est d'enseigner une maîtrise de soi exceptionnelle, un sang-froid à toute épreuve, et de réfréner toutes passions.

Très tôt, ils sont accoutumés à la vue du sang afin de les désensibiliser. Il arrive qu'on leur demande, lorsqu'ils assistent à des condamnations à mort, de ramasser les têtes des décapités et de les apporter à leur famille. Parfois même, ils sont sommés d'exécuter la sentence eux-mêmes.

Tashiro, quant à lui, ne connaît rien de tout cela. Il n'était pas destiné à devenir un samouraï. Son père, tout comme son grand-père avant lui, était un simple artisan travaillant la faïence et la porcelaine. Sa famille vivait non loin de la ville de Nagasaki, sur l'île de Kyūshū, la plus méridionale du Japon, et malgré un dur labeur, demeurait très pauvre. Le commerce avec les Hollandais, dont un comptoir commercial a vait été créé dans la baie de Nagasaki quelques décennies plus tôt, avait pourtant donné foi en l'avenir au père de Tashiro, mais la famille ne faisait que survivre. En dépit de cette grande misère, le jeune garçon, d'ailleurs fils unique, n'imaginait pas suivre une autre voie que celle qui lui était tracée : devenir artisan. Trop jeune, il n'avait pas encore appris toutes les techniques du métier.

Bien qu'illettrés, les parents de Tashiro avaient compris qu'il était important que leur fils apprenne à écrire et à compter, d'abord pour les aider, mais aussi afin qu'un jour, grâce à ces rares compétences, il puisse faire prospérer l'atelier familial. Tashiro avait montré dans ces apprentissages des capacités bien au-dessus de la moyenne : il avait un véritable don pour l'écriture.

Mais le malheur frappa à la porte des Tsuramoto : le père et la mère de Tashiro furent emportés par un mystérieux mal, apporté, dit-on, par les navigateurs hollandais.

Orphelin, le jeune garçon fut recueilli par un oncle vivant dans la province de Saga. Lui aussi dans le besoin, il ne pouvait s'occuper de son encombrant neveu. Bien que conscient du peu de chance que le jeune garçon devienne un jour un samouraï, il décida de demander au maître d'un proche *koryū* d'accepter l'orphelin afin de lui donner la meilleure éducation possible.

L'oncle essuya un refus, la maître arguant que l'adaptation de Tashiro serait difficile, voire impossible, tant le niveau d'exigence était élevée. Mais l'homme revint, cette fois accompagné de Tashiro.

À la vue de l'enfant, le maître se trouva comme transporté dans le temps, renvoyé à sa propre histoire. Il prononça alors le seul et unique mot qui lui vint à l'esprit : *sokka*, « j'accueille ».

*

Plusieurs années auparavant, un grand samouraï avait pris sa retraite sur une île déserte. Il considérait que sa mission était terminée. Une nouvelle page s'ouvrait pour lui, il avait soif d'autre chose.

Alors que sa quête de lumière et de sagesse était à son apogée, un couple de la région débarqua un jour sur son île et lui demanda s'il pouvait s'occuper de leur enfant, Yōchō, alors âgé de trois ans. Ils avaient tout perdu, ne pouvaient plus subvenir aux besoins de leur fils et devaient se rendre en ville où ils seraient mendiants le temps de trouver du travail. Évidemment, ils ne souhaitaient pas imposer cette vie précaire à ce qu'ils avaient de plus précieux : leur fils unique.

Le sage samouraï se laissa aller à un fou rire incontrôlable. Le couple ne comprit pas ! Qu'y avait-il de si drôle ? Le samouraï marmonna en regardant ciel, il semblait s'adresser à des êtres imaginaires. Un sourire aux lèvres, il s'accroupit devant Yōchō, puis répondit tout simplement : « Sokka ».

La vie du vieux sage changea du tout au tout. Il la consacra à l'éducation de cet enfant. Il devint son père, sa mère, son ami, son mentor, son maître et lui transmit les savoirs de toute une vie. Au fil des années, Yōchō acquit un éventail impressionnant de connaissances physiques, techniques, spirituelles, artistiques, géopolitiques. Ses progrès étaient exceptionnels.

Un matin, alors que les six premières fleurs des cerisiers avaient épanoui, marquant le *sakura*, le début de la floraison, le vieux samouraï aperçu une barque s'avancer dans la brume : les parents du jeune garçon venaient le récupérer. Ils expliquèrent qu'ils avaient désormais les ressources financières pour subvenir à ses besoins. Comme il avait jadis accueilli Yōchō, le maître acquiesça d'un mot, *sokka*, comprenant simplement que sa mission était terminée.

Il avait accueilli Yōchō avec Amour, il l'avait formé avec Amour et l'offrait au monde avec Amour.

Les parents quittèrent l'île avec leur fils et se rendirent dans la province de Saga.

Mais avant qu'il ne le quitte, le vieux samouraï, considérant qu'il ne le reverrait plus, avait confié à Yōchō un précieux document : le parchemin de la Montagne sacrée.

Yōchō poursuivit son évolution et ses apprentissages. Il devint riche et prospère, un grand samouraï et un homme d'affaires avisé. Avec sa fortune, il érigea le *koryū* de Saga, tout autant pour honorer la transmission que pour sanctuariser le parchemin qu'il avait reçu. Sa générosité, sa sagesse, sa magnanimité firent de lui une personnalité éminemment respectée dans tout le Japon.

C'est ainsi que l'histoire se répéta et que Yōchō Yamamoto recueillit à son tour le jeune Tashiro.

ACTE III

Les premiers instants de Tashiro au *koryū* sont terriblement humiliants pour lui. Dans d'autres circonstances, son évanouissement aurait été rédhibitoire, mais le maître a fait une promesse à l'oncle du jeune garçon et compte bien, fidèle à son code de l'honneur, la tenir. Qui plus est, il sent, il présage, il perçoit, que quelque chose de crucial se joue autour de la présence de l'orphelin.

De la dizaine d'enfants de la classe d'âge de Tashiro, le maître est conscient qu'il n'émergera probablement qu'un seul bon samouraï, et peut-être deux ou trois samouraïs de classe inférieure. Le reste de ses disciples alimentera les contingents de l'armée du shogun à des grades intermédiaires ou comme simples soldats, ou deviendra fonctionnaires.

Tashiro est d'une nature calme, réfléchie. Souvent pris dans ses pensées, il laisse libre cours à son imagination débordante. C'est un jeune garçon frêle, presque squelettique, à l'apparence androgyne. Son manque de confiance lui donne un air hagard. Il n'accorde que peu d'importance à son aspect. Vêtu, hiver comme été, de l'unique tunique qui compose sa garde-robe, un *jinbei* traditionnel bien trop petit pour lui, sale, déchiré par endroits, effiloché à d'autres.

Pendant ses premiers mois extrêmement difficiles au *koryū*, Tashiro doit s'initier aux arts martiaux tels que le jiu-jitsu, et notamment maîtriser les projections, les différentes clés ou les étranglements. Le maître lui répète sans cesse que c'est la base de tout. La hargne et la motivation de ses camarades le mettent à mal lors des confrontations à l'entraînement, où il est toujours battu. Sa faiblesse l'isole, il n'est guère pris au sérieux. Pourtant, tout le monde constate que le grand maître le traite avec bienveillance malgré tout, suscitant même la jalousie de ses pairs. Les moqueries sont discrètes mais sa marginalisation bien réelle.

Alors que les plus valeureux ont le droit de commencer l'apprentissage du *kenjutsu*, techniques de l'usage du sabre, Tashiro est relégué aux tâches ménagères du domaine, les basses besognes. Se considérant victime d'une injustice, il en vient à regretter terriblement sa vie d'avant, pourtant miséreuse.

Les repas, personne ne partage sa table basse, aussi, outre la solitude, son régime alimentaire extrêmement restreint mine le moral de Tashiro ; le rationnement, le jeûne, parfois même la privation totale font partie de la stratégie d'endurcissement des apprenants.

L'enseignement de l'art équestre n'est guère plus aisé pour lui. En effet, alors que ses camarades maîtrisent la discipline en quelques semaines, Tashiro a besoin de plusieurs mois pour y parvenir.

Depuis la perte de ses parents et ses vaines prières sur leur tombe sous la pluie battante, Tashiro ne montre plus d'intérêt pour la dimension religieuse. Shintoïsme, bouddhisme ou confucianisme… on le soupçonne de ne jamais avoir eu la foi, fait inenvisageable pour un samouraï.

*

Les années passent, Tashiro, désormais adolescent, bien qu'ayant progressé, reste loin derrière les autres dans toutes les disciplines.

Dans leur quinzième année, les apprentis ont droit à un *genpuku*, une cérémonie de passage à l'âge adulte lors de laquelle ils se voient remettre officiellement un petit sabre, le fameux *wakizashi* qu'ils pourront porter en permanence, y compris en public.

C'est aussi à cette occasion que ceux que l'on considère prêts deviennent officiellement samouraïs. Un rituel de remise du *katana* est alors organisé et leur nom d'adulte samouraï leur est attribué.

Bien qu'âgé de quinze ans Tashiro, ne fait pas partie des heureux élus. Résigné après tant d'années, cela ne lui fait ni chaud ni froid. C'est une ombre, un furtif, personne ne prête plus vraiment attention à lui.

Parmi les disciplines que les futurs samouraïs doivent maîtriser, notamment dans le domaine culturel, la calligraphie traditionnelle, appelée *shodô*, est proposée sans être une obligation.

Tashiro, sur l'insistance de Yōchō, accepte de suivre l'enseignement de cet art ancestral créé en Chine il y a trois mille ans. Le maître s'attache à lui expliquer que le *shodô* ne doit pas être considéré uniquement comme un simple moyen d'écriture, ou, pire encore, un art décoratif. La pratique de la calligraphie est selon lui un signe de bonne santé intellectuelle, favorisant la longévité, et le gage d'une certaine maîtrise du corps et de l'esprit. Et il ne manque pas d'insister : une bonne séance de calligraphie est aussi bénéfique qu'une séance de méditation ou même à une prière.

Les premiers cours sont une révélation pour Tashiro. Pour la première fois de sa vie, il trouve du sens dans ce qu'il fait. Peut-être que, inconsciemment, cela lui rappelle l'artisanat que pratiquait son père. Quoi qu'il en soit, il montre de bonnes aptitudes, progresse vite et passe le plus clair de son temps à pratiquer cet art. Son maître, averti de son parcours et de ses difficultés dans les autres domaines de sa formation, flatte son talent naissant, et Tashiro est touché par une telle considération.

Le temps passe. Yōchō est devenu le père, l'ami, le mentor, le maître de Tashiro. Il décide qu'il est temps de partager avec lui un secret, tout au moins en partie, mais aussi et surtout, de lui confier un nouveau rôle. Tashiro doit désormais le suivre partout et prendre note de tout ce qu'il lui confie. Il devient en quelque sorte son scribe.

Le domaine de Saga est entouré de grandes murailles et de fossés défensifs. Il abrite plusieurs bâtiments édifiés en pierre et en bois, dont le *koryū*, le dojo, le monastère et les dortoirs. Au fond du domaine, bâtie sur un promontoire naturel rocheux, se trouve une pièce interdite. Surveillée par deux gardes. Les quelques personnes qui y ont accès sont triées sur le volet, la porte est verrouillée en permanence et seules deux personnes, dont le maître, possèdent la clé.

Alors qu'il s'y rend accompagné de Tashiro, il explique à son disciple à quel point il est privilégié de pouvoir s'y rendre. Le jeune homme, curieux de tant de précautions, ne peut que soupçonner qu'elle abrite un trésor, peut-être de l'or ou une forte somme d'argent. Après tout, avec autant de samouraïs à la ronde, personne ne serait assez fou pour se lancer dans une tentative hasardeuse de vol.

Mais en ouvrant la porte, le maître de Tashiro déclare à son élève qu'une partie de ce qu'il va y trouver vaut bien plus que tout l'or du monde.

L'intérieur est cloisonné par de magnifiques panneaux et portes en bois. Le maître fait délicatement glisser une porte coulissante, qui s'ouvre sur un immense espace. Les deux hommes se déchaussent et y pénètrent.

Tashiro est subjugué par la beauté et le magnétisme du lieu. Il se sent comme hypnotisé. L'accès est délimité par deux rangées de cinq majestueux bonsaïs taillés, dont le maître lui précise qu'ils sont tous millénaires. Les cloisons sont recouvertes de somptueux *shodôs* exécutés par les plus grands calligraphes des siècles passés.

Ce sont justement ces merveilles que Yōchō souhaitait faire découvrir à son disciple. Il lui explique alors que, au fil des guerres remportées par le clan Nabeshima, les *shodôs* ont été donnés par les provinces vaincues pour faire acte d'allégeance, et qu'il a sous les yeux la plus belle collection de *shodôs* de tout le Japon.

Mais l'immense espace abrite également des jarres anciennes, des paravents ornés de plus de trois mètres, des *katanas* anciens et un magnifique sabre *tantō* ayant appartenu à l'un des plus grands samouraïs ayant vécu, Shimazu Yoshihisa.

C'est en quelque sorte un véritable musée que le jeune homme découvre. Pendant plus de quatre heures,

Tashiro boit les paroles de son mentor qui lui conte avec passion l'histoire de chaque œuvre, chaque objet.

Alors qu'ils s'apprêtent à quitter les lieux, Yōchō fait promettre à son disciple de garder le silence sur l'existence de ces trésors. Juste avant de partir, le regard de Tashiro s'arrête sur ce qu'il croit être une autre pièce, tout au fond. La nuit venant de tomber, les deux hommes s'éclairent maintenant à la bougie, et le halo de lumière révèle en effet à travers la cloison une sorte de salle cachée, comme un double fond.

La curiosité de Tashiro est immédiatement étouffée par son maître, qui s'empresse de déclarer que personne n'est autorisé à pénétrer dans cette pièce, car elle abrite le fameux parchemin de la Montagne sacrée, sur lequel il ne dit néanmoins pas un mot de plus.

*

Les années passent, Tashiro est maintenant un homme. Malgré tous ses efforts, il n'est hélas pas devenu officiellement samouraï. Il en a néanmoins toute l'éducation. Il a poursuivi son apprentissage du *shodô* et espère en faire son métier plutôt que de se lancer dans une carrière militaire.

Fidèle à son rôle de scribe, il a consigné, reformulé et sublimé les enseignements, les pensées, les aphorismes de son maître dans un recueil qu'il lui remet lorsqu'il estime l'avoir achevé. Yōchō est subjugué par la capacité de son disciple à avoir pu interpréter la complexité de sa pensée et de l'avoir si bien retranscrite et si parfaitement transcendée pour en faire un livre.

— Quel est le titre de cet ouvrage, Tashiro ?

— Je me rappelle que vous méditiez souvent à l'ombre des feuilles de cerisier. Alors je vais l'appeler *Hagakure kikigaki*, « les sons que l'on entend à l'ombre des feuilles ».

ACTE IV

Tashiro profite de ses derniers jours au *koryū* dans lequel il vit maintenant depuis plus de dix ans, il est prêt à voler de ses propres ailes. Alors qu'il s'apprête à y passer sa dernière nuit, il repense à son parcours, à ses difficultés comme aux bons moments. Il est allongé, au calme, lorsque l'agitation gagne le domaine. « Au feu ! » Des cris d'alarme retentissent à plusieurs reprises, tout le monde est sommé de quitter les lieux promptement. Sonné, Tashiro s'exécute, et tous les occupants, fuyant les flammes qui progressent à grande vitesse, du domaine se retrouvent en contrebas.

Tashiro aperçoit alors Yōchō qui s'adresse à l'assistance :

— Je n'éprouve aucun regret à perdre mon domaine et tous ses meubles, même s'ils devaient brûler jusqu'au dernier, car ce sont des choses qui se remplacent. Je me désespère seulement de ne pas avoir pu récupérer le parchemin de la Montagne sacrée, qui est le trésor le plus précieux de notre clan.

Tashiro se permet alors de faire ce qu'il n'a jamais fait auparavant : prendre la parole en public.

— Je n'ai jamais été très utile à mon maître, je me suis montré négligent, cependant j'ai toujours su qu'un jour ma vie aurait un sens. Je vais sauver le parchemin.

Tous se mettent à rire et tancent le jeune inconscient : la maison où se trouve le parchemin est un véritable brasier, c'est la mort assurée. Mais Tashiro s'élance vers l'édifice et sa pièce interdite. On le bloque, il se débat vigoureusement et parvient à se libérer, provoquant l'indignation et les moqueries des autres disciples qui ne comprennent pas son comportement.

Quand Tashiro atteint enfin la pièce cachée, les flammes ont tout envahi derrière lui, jusqu'à l'immense pièce musée découverte avec son maître. Tout retour s'avère impossible. Tashiro est dans un état second, comme transcendé.

En face de lui se trouve un petit meuble en bois, contenant certainement le fameux parchemin qu'il a toujours rêvé de lire.

Il l'ouvre.

Le parchemin est là, enroulé et protégé dans une épaisse couche de papier de riz ! Il le saisit. Que faire ? Les flammes l'entourent déjà, c'est une question de minutes, de secondes. La fumée commence déjà à l'asphyxier, à l'étourdir. Il titube, se sent défaillir et, étrangement, repense à ses premières minutes au *koryū*, lors de la cérémonie du seppuku durant laquelle il s'était évanoui.

Il aperçoit le *tantō* de collection du grand samouraï Shimazu Yoshihisa. Il s'en empare et se précipite dans le foyer d'une immense cheminée pour tenter d'échapper aux flammes. Conscient qu'il n'a que quelques instants devant lui avant que le feu ne le consume, tournant le dos à ces furieuses danseuses déchaînées qui dévorent tout sur leur passage, Tashiro commence sa lecture. À la lecture des mots tracés sur le parchemin, les larmes du bonheur coulent sur son visage. Alors que les flammes lèchent le tissu de son vêtement, alors même que tout instinct dont son corps est encore pétri le pousse à fuir, une profonde sérénité l'envahit. Et un sourire apaisé se dessine sur ses lèvres.

Tashiro s'agenouille, ôte son kimono, puis, sans trembler plonge le *tantō* dans sa chair et la tranche de l'abdomen au sternum. Dans un état de conscience modifiée, il place le parchemin protégé par le papier de riz dans sa plaie béante, puis s'effondre en se recroquevillant.

Le feu achève sa destruction. Les revêtements des murs et du sol disparaissent. Les flammes font éclater portes et fenêtres. Tout s'embrase, la fumée et la chaleur étouffent toute vie.

Le lendemain matin, une dense rosée matinale éteint les dernières braises. La moiteur de l'air carbonisé abasourdit les esprits.

Le shogun en personne vient constater l'ampleur des dégâts. Yōchō l'accompagne. Il ne reste rien ! Tout a brûlé, rien ne peut être sauvé…

Dans les ruines de ce qui fut un bâtiment d'exception, les deux hommes découvrent le corps totalement calciné de Tashiro, gisant en position fœtale dans ce qui reste de la cheminée. À ses côtés, ils distinguent la lame carbonisée d'un *tantō* maculé de sang.

Le shogun, très aguerri, comprend immédiatement que le jeune homme a pratiqué un seppuku. Il s'approche afin d'en avoir le cœur net et remarque un rouleau de papier dépassant de ses entrailles.

Le maître s'en saisit, il est gorgé de sang. Le parchemin qu'il protège, quant à lui, est immaculé, intact ! Les regards du shogun et du vieux maître se croisent. Leurs gorges se nouent et un immense frisson parcourt leurs corps.

Dans un silence empli de mille mots, ils réalisent l'absolue beauté du sacrifice de Tashiro.

Dans ce moment solennel où seul le son du vent sous l'ombre des feuillages des cerisiers se fait entendre, le shogun puis le vieux maître s'inclinent, avant que l'ensemble des samouraïs et des apprentis qui les ont rejoints n'en fassent autant.

Toujours ému, le shogun, dit alors :

— Que l'on organise un *genpuku* à titre posthume pour l'honorable samouraï Tashiro Tsuramoto !

Le monde de l'Âme

Le corps de Tashiro baigne dans la paix. Ses paupières sont lourdes. Une douce chaleur embrase tout son être. La plaie béante de son ventre n'est plus qu'un souvenir. Il ne ressent plus aucune douleur. Rêve-t-il ? Ses yeux s'entrouvrent, il est ébloui par une vive lumière blanche, pure, sereine.

— Te voilà... Bienvenue à cette partie de toi qui s'éveille.

Une voix. Celle d'une enfant, cristalline, aussi pure que l'est le chant d'un rossignol du Japon. Tashiro a les yeux bien ouverts à présent. Il observe l'endroit où il se trouve avec surprise. « Où suis-je ? » Le lieu semble ne pas avoir de limites, aucun mur, occupé par la seule lumière blanche, à l'infini. Et ce calme, ce merveilleux calme qui y règne est comme un enchantement.

Tashiro s'assoit, cherche la source de cette voix enfantine.

Elle est là, assise en lotus devant lui. Une petite fille au visage radieux, un sourire aux lèvres éclairant davantage encore le brun de ses yeux. Quel âge peut-elle avoir?

Tashiro serait incapable de le dire : ses traits sont ceux d'une enfant japonaise, sa taille et sa constitution frêle sont celles d'une enfant de huit ans tout au plus, mais la profondeur de son regard révèle une maturité hors d'âge.

— Qui es-tu ? demande Tashiro.

La petite fille sourit, d'un sourire bienveillant, paisible, dénué de jugement. Un sourire qui vous fait vous sentir aimé. Elle quitte sa posture méditative pour s'approcher de Tashiro. Son kimono blanc nacré ondule en suivant ses mouvements déliés. Le rouge des fleurs de cerisier brodées sur sa tenue brille de mille feux. Elle ne marche pas : ses petits pas sont une danse gracieuse et légère. Elle s'agenouille face à Tashiro et, sans prévenir, se blottit dans ses bras.

— Fais-moi un câlin, Tashiro...

D'abord surpris par cet élan de tendresse, Tashiro se laisse aller et profite de la richesse de cet instant. Quel bonheur, le câlin d'un enfant ! Un geste spontané, pur et sincère. Un instant d'Amour inconditionnel. Un miracle pour lui qui en avait tant besoin après ces épreuves. Le jeune homme ferme à nouveau les yeux, rempli de gratitude et de sérénité, et verse une larme de soulagement, de bien-être. La petite fille chuchote :

— Je suppose que pour l'instant tu te sens totalement perdu. Tu ne sais plus où sont tes repères, où tu es, quand, pourquoi… Toutes ces questions que se pose l'Âme quand elle arrive ici. N'est-ce pas ? Tu as le regard d'un homme prêt à croire tout ce qu'il voit, parce qu'il s'attend à s'éveiller à tout moment. Et, paradoxalement, ce n'est pas tout à fait faux.

— Qui es-tu ? Où sommes-nous ?

L'enfant défait doucement son étreinte, se lève et se dirige vers deux fauteuils en cuir placés derrière Tashiro.

D'où viennent ces fauteuils ? Sont-ils apparus là soudainement ? Tashiro est persuadé que l'endroit était vide quelques instants plus tôt.

La petite fille prend place dans l'un des fauteuils, l'invitant à s'asseoir lui aussi.

— Qui es-tu ? demande à nouveau Tashiro.

— Tu peux m'appeler comme tu le souhaites… Certains m'appellent Morphée. Certains me voient seulement en rêve et ne me nomment pas. Les noms, tout comme les heures, sont faits pour rassurer les êtres humains, leur donner l'illusion d'une meilleure connaissance ou d'une certaine maîtrise. Certains m'ont vue enfant, d'autres femme, homme ou animal. Je peux être tout cela puisque je suis une Âme. Cela n'a pas d'importance ici.

— Une Âme… Moi, je vois une petite fille.

— Oui, je sais. J'ai pensé que c'était la meilleure apparence à adopter pour toi. J'ai senti que la douceur, la bienveillance et l'innocence te feraient du bien. Est-ce le cas ?

— Oui… Mais j'ai une vraie question pour toi.

— Une vraie question ? Je t'écoute.

— Est-ce que tout cela est réel ? Ou suis-je dans un rêve ?

— Les rêves ne font-ils pas partie d'une réalité ? Et qu'est-ce que la réalité Tashiro ? Et qui le sait ? Tu vois, je me suis adaptée à toi, à ta réalité. Je m'adresse aux gens selon leur compréhension du monde. Je m'adapte. Quant à la réalité, elle n'est que ce que nous en faisons en nous incarnant.

— Alors, tu es en train de dire que je suis mort ? Que je suis arrivé au Paradis ?

— C'est l'un des noms que les humains donnent à cet endroit, oui, bien que ce ne soit qu'un nom. Un jour tu seras à cette place toi aussi, après avoir parcouru tous tes chemins et rencontré tous ceux qui te feront croître. Tu n'es pas mort, c'est ton enveloppe, ton corps en tant que Tashiro qui est mort. Tu as été cet homme, et un autre avant lui. Tu as suivi les étapes, tu les as franchies. Et tu es revenu ici. Accepter de mourir, c'est accepter de mieux renaître.

— Alors, je suis une Âme. Et ici, c'est le monde des Âmes ? Es-tu là pour me juger ? Ai-je réussi dans ma vie ? Ai-je commis des erreurs ?

— Ce n'était ni bien ni mal, ni difficile ni facile, ni juste ni injuste. C'était !

— Alors toi, tu n'es ni fille ni garçon ?

— Tashiro, souhaites-tu que je partage ma vision avec toi ?

— J'aimerais, oui...

— Selon toi, est-ce que l'Âme a un genre ? Penses-tu vraiment que la distinction a de l'importance pour une Âme ? Penses-tu que l'enveloppe de ton corps est capitale pour ton Âme ? Écoute... Si tu galopes sur le dos d'un cheval et que tu te fais arrêter par des gardes qui te demandent qui tu es, dis-tu : « Je suis un cheval » ?

— Non, bien sûr...

— Voilà. Ton Âme, c'est toi qui galopes sur cette monture, mais ta monture n'est pas ton Âme. Ô Âme, ne te prends pas pour le corps dans lequel tu t'incarnes...

— Et nous avons changé d'époque. Nous ne sommes plus au Japon, ni au XVIIIe siècle ?

— En effet, ici, il n'y a pas de notion de temps et d'espace.

— Suis-je ici pour l'éternité, pour un temps infini ?

— L'éternité ce n'est pas le temps infini, c'est l'absence de temps. Il peut être midi ou minuit. Dans le ciel, on peut choisir de voir le soleil à son zénith ou bien la pluie, les nuages, la lune, la grisaille, le matin de la nouveauté ou le soir de la fin, dans les rouges vifs, les ciels zébrés, les aubes blanchies. Tout est possible. Ici tu arrives et d'ici tu repars, et ce jusqu'à ce que tu sois assez éveillé pour te libérer de ce cycle de réincarnations. Tu pourras ensuite évoluer vers d'autres plans de conscience. Pour cela, chacun doit aller à la rencontre de son Âme sœur. Connais-tu cette Âme sœur ?

— J'ai entendu parler de cette quête chez certains, oui. Un ami a parcouru des milliers de kilomètres pour la trouver. Il a cherché en vain la femme qui ferait vibrer son cœur, la femme qu'il reconnaîtrait et qui le reconnaîtrait, son Âme sœur.

Le regard de la petite fille s'illumine. Et c'est en souriant à nouveau à Tashiro qu'elle répond :

— Oui. Ton ami est venu ici, tout comme bon nombre d'autres humains qui ont poursuivi ce mirage, cette quête incessante.

— Mais alors à quoi bon se lancer dans cette quête si elle ne sert à rien ?

— Elle est sans doute la plus utile qui soit. Je peux te le dire maintenant car tu ne t'en souviendras pas dans ta prochaine incarnation. Pourquoi cette quête est-elle importante selon toi, Tashiro ?

— Parce que l'Amour est ce qu'il y a de plus important.

— Oui, je partage ton avis. Mais quel Amour, dis-moi ?

— Un Amour inconditionnel, bienveillant, extatique ?

— C'est ta définition, je la respecte. Penses-tu rencontrer un jour cet Amour, Tashiro ?

— Je l'espère oui.

— Tu espères rencontrer cet Amour en aimant quelqu'un d'autre, n'est-ce pas ?

— Oui… J'aimerais vivre ça.

— Alors tu as encore du chemin à faire.

La vivacité d'esprit de la petite fille se reflète dans son regard. La façon dont elle a vécu ses expériences avant de se retrouver ici trace dans ses yeux les contours d'un savoir infini.

— Alors, dis-moi, comment imagines-tu ton Âme sœur ?

— J'aimerais qu'elle soit gracieuse, que son corps soit harmonieux, que ses gestes soient souples et délicats, que sa peau soit aussi claire que la porcelaine et ses yeux aussi sombres que l'ébène…

— Penses-tu que tu l'aimerais moins si elle n'était pas tout ce que tu décris ? Penses-tu que ton Âme sœur ne peut ressembler qu'à cette femme-là ?

— C'est ainsi que je l'imagine…

— Tu aimerais donc rencontrer l'Amour à l'extérieur de toi ?

— Oui, comment le rencontrerais-je autrement ?

— Très cher Tashiro, tu finiras par comprendre que l'Âme sœur que tu recherches, c'est toi, et toi seul. Alors ta quête s'achèvera par l'extase dont tu parles.

— Vraiment ? Cet Amour-là serait celui qu'on doit se porter ?

— Tu le découvriras quand ce sera le moment.

— Combien d'épreuves vais-je encore vivre ? Combien de vies avant d'être à ta place ?

— Tashiro, crois-tu que ce soit la première fois que nous nous rencontrons ? Crois-tu que tu aurais pu traverser toutes les épreuves du *koryū* sans même avoir vécu d'autres expériences avant ? Dans cette vie en tant que Tashiro, tu as su faire preuve d'assurance, tu t'es affirmé…

— Oui, je le reconnais.

— Reconnais-tu que tu as aussi eu la capacité de voir de la valeur et de la beauté en toutes choses ?

— Oui, je le reconnais aussi. J'ai su voir la beauté de la calligraphie, du monde, des gens qui m'entouraient…

— Ainsi tu as appris.

— Vais-je devoir à nouveau souffrir ? Être confronté à la mort de mes parents ? À l'abandon ? À la trahison ?

Morphée, puisqu'il la nomme ainsi, ferme les yeux.

— Retourne-toi Tashiro, et fais face à ceux que tu juges hâtivement.

Tashiro se retourne. Il se met à trembler. Ses parents sont devant lui. Ceux qu'il a tant aimés, ceux qui l'ont laissé seul, abandonné. Tashiro garde pourtant son calme. Il se tait. Il prend un temps de silence, il observe.

Morphée s'approche lentement de lui, de quelques centimètres seulement, à peine, doucement.

— Voici tes parents Tashiro. Qu'as-tu à leur dire ?

Les yeux de Tashiro sont noyés de larmes. Un mélange de nostalgie, de tristesse, d'Amour et de colère l'envahit. Son père et sa mère se tiennent là et lui tendent les bras.

— Vous, mes parents… Vous que j'aimais tant et sur qui je comptais. Comment avez-vous pu faire ça à un enfant ? Imaginez-vous ce que j'ai pu vivre ?

Face à lui, ses parents lui tendent toujours les bras.

Morphée pose une main délicate sur l'épaule de Tashiro.

— Tu crois voir le monde, en réalité, tu le regardes par le prisme de tes blessures, que ce soit l'abandon, le rejet, l'humiliation, la trahison ou l'injustice. Tout ce que tu vis prend alors la couleur de ces blessures, c'est un filtre que tu poses sur la réalité. Il t'empêche d'avancer et tu restes ainsi à un niveau de conscience très bas.

— Mais comment élever mon niveau de conscience ?

— En comprenant que tu n'es pas tes émotions, tu n'es pas tes pensées. Tes émotions sont des messages qui viennent de ton passé. Elles indiquent simplement où tu en es avec tes blessures.

— Oui, je me rappelle. Que faire alors ?

— Il est temps de faire face à tes responsabilités. Tashiro, tu n'es pas coupable. Néanmoins, tu es entièrement responsable. Il est temps de lâcher prise, et, avant de pardonner aux autres, de te pardonner ta colère, tes ressentiments.

— Me pardonner à moi ? De quoi suis-je responsable ? Lorsque j'étais enfant, des semaines durant, je bravais la pluie pour aller pleurer sur leur tombe, j'implorais pour qu'on me les rende, pour ne plus être seul. Et puis, j'ai arrêté de croire en quoi que ce soit.

— Tu es aussi responsable de ce que tu as vécu, de ce que tu t'es fait vivre et de ce que tu leur as fait vivre aussi. Car tu leur as fait vivre la même chose…

— Quoi ? Comment aurais-je pu… ?

— Père, mère… Avez-vous souffert vous aussi ? Ai-je été responsable de vos souffrances ?

Sa mère lui adresse alors un sourire compatissant.

— Mon cher enfant, sache que, dans une autre vie, j'ai été ta fille, dans un autre temps, dans un autre lieu, sous une autre forme. Ma mère est morte à ma naissance, et mon père m'a laissée sur le pas d'une porte. Tu m'as toi aussi abandonnée. L'homme qui m'a trouvée m'a battue et fait de moi sa servante pendant des années. Je t'en ai voulu aussi, à toi qui fus mon père, mais nous sommes ici pour cela, pour nous pardonner. Tu as été héroïque dans ta dernière vie, mais une vie comme celle-là sans pardon rendrait tout l'or du monde sans valeur. Ton père et moi te pardonnons de nous en avoir voulus. Nos histoires se sont croisées, se croisent et se croiseront encore car nous sommes de la même famille d'Âmes. Chaque famille d'Âme se retrouve à travers les âges, à travers le monde, pour guérir ses blessures, pour évoluer, pour croître. Cela a été très difficile pour nous de faire ce que ton Âme nous avait demandé, de suivre notre mission : tu as toi-même cherché à ce que nous agissions ainsi avec toi, pour grandir, pour avancer.

— Pour avancer...

— Oui Tashiro. Tu n'es pas mieux que nous, tu n'es pas pire non plus. Il n'y a ni mieux ni pire.

Morphée observe ces Âmes devenir plus brillantes au fil de leur discussion.

Elle pousse délicatement Tashiro vers ses parents. L'étape du pardon arrive enfin.

— Tu n'es pas orphelin, tu ne l'as jamais été, tes parents ont honoré ton choix. Ils auraient voulu être présents pour te donner leur Amour. Pourtant, dans le monde des Âmes, tu leur as demandé d'incarner ces parents-là. Ils ont d'abord refusé, ils préféraient avoir le beau rôle, rester présents pour toi. C'est toi qui as insisté. S'ils avaient renoncé, d'autres auraient été désignés à leur place pour remplir ce rôle et te faire vivre les expériences nécessaires à l'élévation de ton niveau de conscience. Dans d'autres vies, tu demanderas à avoir des parents qui te frappent, qui abusent de ton innocence. Et toutes ces expériences te feront traverser la nuit noire de l'Âme. Cette étape est l'épreuve de l'Amour à soi.

— L'épreuve de l'Amour à soi ?

— Oui, tu en sortiras grandi. Ainsi, lorsqu'on te renvoie de la violence ou même lorsque personne ne semble t'aimer, il est important de te souvenir de t'aimer, toi. Cet Amour-là vaut tout l'Amour du monde. Ainsi, il te revient de croire ou non les personnes qui sont dans la souffrance et te renvoient une image négative de toi. Il te revient de te dire : « Je m'aime », « Je ne suis pas ce que vous décidez que je sois, je suis ce que je choisis d'être ». Ce que l'autre dit ne parle que de lui, pas de toi. Tu sais que l'Amour est non quantifiable n'est-ce pas, Tashiro ?

— Oui, je me rappelle.

— Alors cet Amour est aussi non quantifiable envers toi-même. Quel que soit ton vécu, quelles que soient les souffrances, aussi impardonnables qu'elles te paraissent, souviens-toi de cet Amour non quantifiable que tu as à te donner. Ainsi tu verras la lumière. Car chacun est aimé, inconditionnellement aimé. Il est temps de te libérer

Me libérer en pardonnant !!!

et de vous libérer, Tashiro. En pardonnant, tu lâches quelque chose pour autre chose de bien plus grand. Puis-je te poser une question ?

— Je t'écoute.

— Que préfères-tu ? Nager dans un torrent déchaîné, un fleuve de haine et de colère ou flotter paisiblement dans une mer calme, dans des eaux de compassion et d'Amour infini ?

— La mer... évidemment.

— Alors sache que tu traverseras autant les torrents de la colère que les eaux de la compassion. Les uns ne sont pas mieux que les autres.

— Mais comment tout traverser ?

— En te laissant bercer par le courant de la compassion, qui te guidera vers un océan d'Amour. Ces torrents, tu les traverseras en pardonnant. Souviens-toi que chaque décision t'accompagne vers le prochain enseignement. Si tu décides de ne pas pardonner, tu vivras à nouveau des expériences, voire une vie entière, qui demanderont que tu le fasses. C'est ta décision, elle t'appartient.

Tashiro prend conscience que cette étape est capitale pour grandir, pour avancer, pour s'élever. Son choix est fait. Il avance vers ses parents, se blottit dans leurs bras qui l'enlacent. Et, dans cette communion, ils rejoignent l'unité.

Morphée leur demande alors :

— Voici le temps de la libération et du pardon. Répétez après moi :

Je suis désolé

Pardon

Merci

Je t'aime

La lumière qui les baigne tous se fait plus vive, plus pure encore, et, éblouissante, leur fait fermer les yeux.

Lorsque Tashiro rouvre les siens, ses parents ont disparu.

Il ne se sent plus abandonné. Il est en paix.

Morphée s'avance vers lui :

— Comment te sens-tu Tashiro ?

— Apaisé.

— Alors tu peux prendre un repos bien mérité.

[Silence]

Tashiro ouvre les yeux. Morphée est là, toujours, encore.

— Mon repos a-t-il duré longtemps ?

— Tu sais déjà que le temps ne signifie rien ici. Es-tu prêt à repartir ?

— Alors ça y est ? Tout ce qui a été fait est parfait à présent ?

— Rien n'est parfait. Rien n'est imparfait. La perfection existe dans l'imperfection. Tout cohabite. Je n'ai pas de jugement. Le seul jugement qui existe est celui que tu portes sur toi, celui que chaque être humain porte sur lui-même. Seuls ces jugements empêchent de croire et d'oser.

— Alors je repars dans une autre vie ? Un autre corps, un autre lieu, un autre temps ?

— Oui. Souhaites-tu choisir toi-même ou préfères-tu que je te guide ?

— J'aimerais que tu choisisses pour moi.

La petite fille fait apparaître une carte du monde d'on ne sait où, d'on ne sait quelle matière, d'on ne sait quelle couleur.

Tashiro observe la carte et ajoute :

— Je souhaiterais juste une chose : partir là où je ne suis encore jamais allé et expérimenter ce que je n'ai jamais connu dans d'autres vies.

— Intéressant. Tu veux donc de la nouveauté. Souhaites-tu être homme ou femme ?

— Peu m'importe.

— Alors tu seras une femme.

Peu à peu, Tashiro sent tout son être se détendre. La sensation est agréable. Son corps s'évapore, lentement... Seuls les derniers mots de Morphée résonnent alors qu'il part vers un autre ailleurs, un autre temps, une autre forme.

« Ô Âme, durant ton rêve éveillé, ne te rendors pas ! »

Turquoise

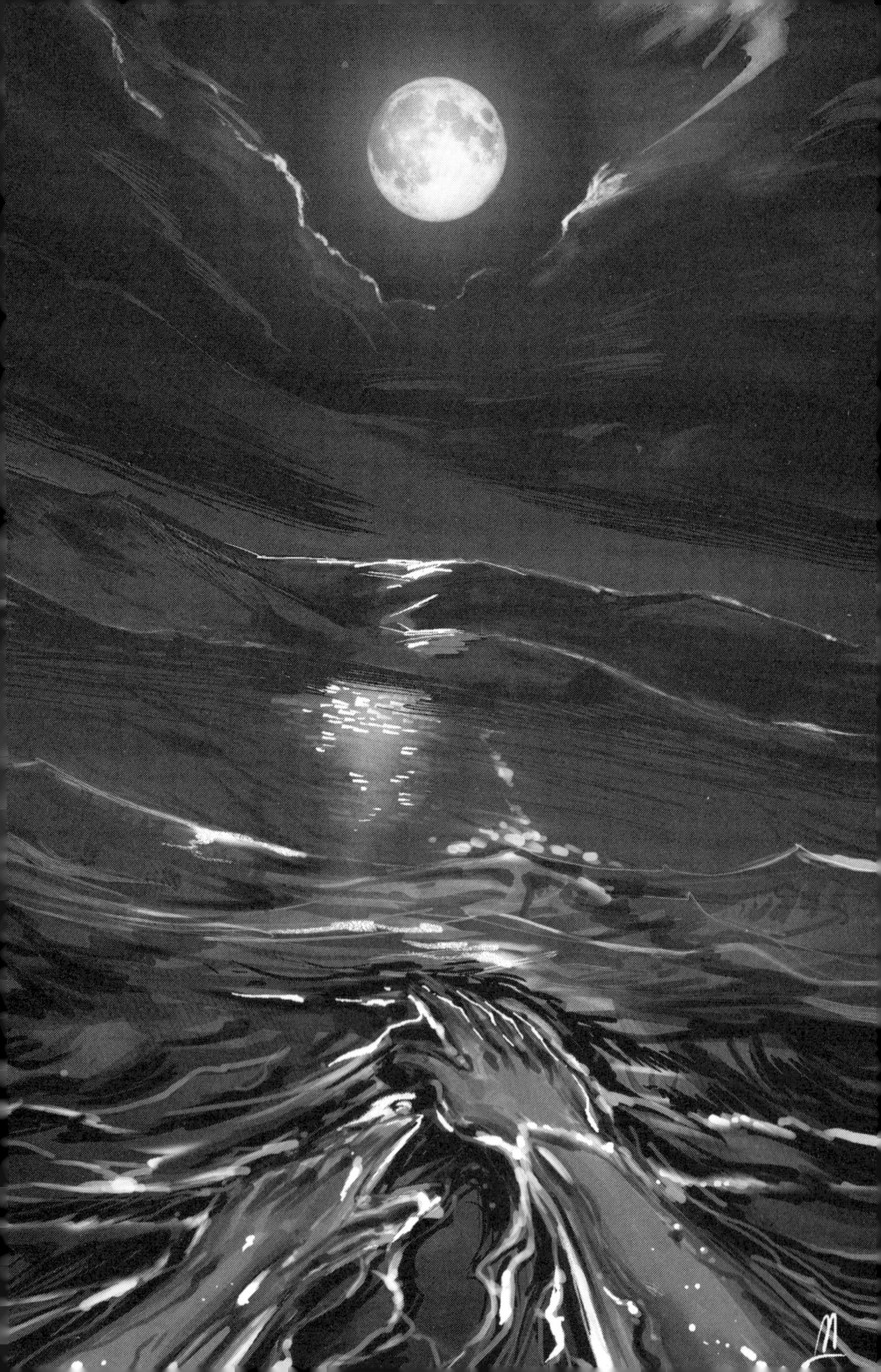

ACTE I

« Derrière chaque grande femme,
il y a une femme. »

Siècle des Lumières pour les uns, siècle du pire obscurantisme pour les autres ! Nous sommes au XVIIIe siècle.

La saison des pluies se termine dans le royaume de Baol, en Sénégambie. Malgré de maigres récoltes et le risque de famine, les festivités se préparent comme chaque année dans le petit village de Sa-Ra.

Fakhane Diouf sort de chez elle pour se rendre un peu à l'écart du village et retrouver un groupe de lutteurs, déjà à l'entraînement. La jeune femme est habituée à les fréquenter, ce sont ses partenaires et ses adversaires, et ils l'acceptent comme une des leurs.

Les traits de Fakhane n'ont rien de féminin. Ses poignets et ses chevilles sont robustes. Son corps n'invite pas aux caresses d'un homme. Il n'a pas l'attrait des courbes féminines. Bien campée sur ses deux jambes, sa silhouette impressionne plus qu'elle ne séduit. Dotée d'un physique exceptionnel, Fakhane est une véritable force de la nature, à tel point qu'on la surnomme « quatre bœufs » : sa force semble égaler celle de quatre bovins rassemblés. Outre la puissance de son corps, elle est dotée d'un regard d'une profondeur déconcertante, telle celle d'une Âme qui aurait traversé trois cent-trente-trois vies, source d'une confiance en elle-même inébranlable. Avant même de combattre, elle terrasse ses adversaires d'un simple coup d'œil traduisant sa détermination à mourir victorieuse plutôt que vivre vaincue.

Tels de petites arènes, plusieurs cercles ont été délimités par des tas de sable. Dans chacun d'entre eux, deux adversaires se jaugent, tentent de s'agripper, puis s'enlacent et se repoussent violemment tout en essayant de se projeter l'un et l'autre au sol. Ça lutte !

Lorsqu'ils aperçoivent Fakhane, les combattants s'interrompent et la saluent. Chacun espère affronter la championne.

Championne de son village, d'abord, mais aussi et surtout championne invaincue du royaume de Baol de cette lutte traditionnelle que l'on appelle *njom* en langue sérère.

Unique lutteuse, ayant battu, les uns après les autres, tous les hommes dans sa catégorie, Fakhane est un phénomène encore jamais observé dans la longue histoire de ce noble art de combat africain.

Chaque année, après la saison des pluies, les Sérères, mais aussi toutes les autres ethnies de Sénégambie, célèbrent la fin des récoltes et organisent des tournois de lutte, accompagnés d'autres événements. À l'issue des festivités, les meilleurs lutteurs de chaque village se retrouvent pour un grand combat à l'issue duquel sera attribué le titre suprême du royaume de Baol.

La lutte traditionnelle est prétexte à de nombreux rituels sacrés. Les griots narrent, content ou chantent les prouesses des anciens combattants, galvanisant les lutteurs, et les marabouts arborent les gris-gris qui conjureront les éventuels mauvais sorts, décuplant le courage des combattants.

Chaque spectateur se doit de choisir et de soutenir bruyamment son champion. C'est au son des tam-tam que l'atmosphère s'électrise.

Cette année, Fakhane a une fois de plus dominé les combattants de son village et s'entraîne désormais pour aller défendre son titre à Lambaye, la capitale du royaume. Car le vrai rêve de Fakhane n'est pas de conserver son titre de championne locale, mais bel et bien d'aller affronter les plus grands lutteurs des royaumes voisins de Sénégambie : Cayor, Fouta, Sine, Oualo, Dyolof, Niani, Saloum, jusqu'aux confins du Galam.

Vient enfin le jour où la championne se rend à Lambaye. La foule est acquise à la cause de la championne de Sa-Ra. Combats après combats, « quatre bœufs » met à quatre pattes puis à terre tous ses adversaires, avant d'obtenir une victoire finale que son aura magnétique a rendue prévisible.

Le privilège du vainqueur est de pouvoir partager le repas du roi du Baol, qui porte, comme chaque souverain, le titre honorifique de *tègn*. Quant à son patronyme, il est le même que Fakhane : Diouf.

Fakhane, non sans audace et témérité, fait remarquer à son hôte que les festivités de la saison n'ont pas l'éclat et le retentissement des années précédentes. Le *tègn*, semble peu surpris par la remarque de la championne et lui en explique la raison : à l'instar du village de Sa-Ra, l'ensemble du royaume Baol, et même de la Sénégambie, en raison de conditions climatiques désastreuses, a connu une des pires récoltes depuis bien longtemps. Et d'ajouter que la situation des royaumes voisins, et plus particulièrement celle du Cayor, est encore pire. Alors que pour les habitants du Baol, le spectre de la famine semble être évité, le *tègn* précise que le royaume du Cayor souffre déjà de la disette et déplore les premiers morts de faim, parmi, comme toujours, les plus vulnérables de ses habitants.

Fakhane comprend alors que son rêve de gloire à l'échelle de la Sénégambie s'envole et que des temps troublés arrivent.

Expérimenté, le *tègn* Diouf ne sait que trop bien qu'à la plaie de la famine succède irrémédiablement la guerre. Il a eu vent du projet de l'hostile royaume voisin, ennemi héréditaire de Baol : le royaume de Cayor, qui s'apprête à attaquer Lambaye pour s'emparer de ses réserves de nourriture.

Et pourtant les royaumes de Cayor et de Baol, ainsi que la plupart des États avoisinants, sont tous issus du démantèlement de l'ancien empire du Djolof, fondé au XIIIe siècle par le clan Ndiaye. Bien que majoritairement wolof, il était multiethnique et rassemblait Peuls, Sérères, comme Fakhane, Soninkés et Maures, jusqu'à ce que le clan fils du chef de la région du Cayor, attaque et mette en pièces cet empire désormais éclaté en plusieurs royaumes. C'est ainsi que le clan Fall fonda le royaume de Cayor.

Depuis, Cayor et Baol se font la guerre, les périodes de conflits alternant avec celles plus pacifiques. Peu à peu, Cayor devint le royaume le plus puissant de Sénégambie, en grande partie grâce à son ouverture commerciale, depuis Saint-Louis au nord et l'île de Gorée plus au sud.

Qu'un royaume aussi puissant sombre dans la famine peut sembler paradoxal, mais le choix de ses dirigeants de développer le commerce au détriment de l'élevage et de l'agriculture en est l'une des principales raisons.

Et c'est dans ce contexte que Cayor décide d'attaquer Baol. Il ne faut que quelques jours pour que le *damel* de Cayor capture le *tègn* Diouf. La plupart des hommes du royaume de Baol sont tués au combat ou capturés et envoyés en territoire Cayor.

Fakhane, seule femme combattante, fait partie des captifs.

ACTE II

Le *damel* est un homme riche, en grande partie grâce aux échanges commerciaux avec des marchands français, anglais, espagnols et portugais. Il perçoit des taxes sur le négoce du cuir, de l'ivoire, du cuivre et surtout de la gomme arabique, que les Occidentaux prélèvent et exportent depuis les territoires du *damel*. Des Français ont même fondé un siècle auparavant, au XVIIe siècle, la ville de Saint-Louis, ainsi nommée en hommage à Louis XIV et servant de base arrière à l'exportation.

Mais l'avidité, la cupidité et l'absence d'humanité de certains vont conduire à de macabres escalades. C'est avec un nouveau type de marchandise que les intéressés viennent désormais s'enrichir : le « bois d'ébène ». Le trafic d'êtres humains vient remplacer celui des matières premières. Ce sont désormais des hommes, des femmes et des enfants qui sont vendus par le *damel* à ses partenaires commerciaux.

Un commerce qui n'a dramatiquement rien d'illégal : il est régi depuis déjà plus d'un siècle par un édit de Louis XIII datant de 1642, soit un siècle auparavant, autorisant cette pratique qu'on appelle alors la traite négrière.

C'est donc sans états d'âme que le *damel* décide de vendre les captifs de Baol à des marchands européens.

Fakhane et une cinquantaine de compagnons d'infortune se retrouvent dans l'escarcelle d'un négrier sans seulement imaginer quel sort leur sera réservé. La réputation de lutteuse et la bravoure de Fakhane, connues bien au-delà des frontières du royaume de Baol, auraient pu lui éviter d'être vendue comme esclave. Il n'en est rien. Son seul privilège : être cédée à son acheteur le double du prix de ses compagnons.

Entravés les uns aux autres, les Sérères se déplacent sous un soleil de plomb en direction de l'ouest. La progression est difficile, la faim, la soif, la chaleur, ralentissent leur marche.

Ceux qui peinent à marcher sont violemment battus, quant à ceux qui ne peuvent plus avancer, ils sont exécutés pour donner l'exemple aux récalcitrants.

Fakhane, en bon leader qu'elle est, encourage ses frères de souffrance. Elle leur dit que, au bout de ce calvaire, négocier sera probablement possible, qu'ils pourront retrouver leur famille, qu'il faut garder espoir et, surtout, sa dignité. Elle pense à ses parents, laissés au village de Sa-Ra avant la guerre. Leur souvenir est son énergie.

Après plusieurs jours de marche, le groupe de captifs arrive, pense-t-il, à destination. On ne peut pas aller plus à l'ouest : l'eau s'étend à perte de vue.

Fakhane contemple l'océan pour la première fois de sa vie, son effrayante immensité, source de tous les fantasmes et inspirant aux griots de son village de nombreuses terrifiantes légendes.

Elle remarque que des discussions s'engagent entre la population locale et les marchands européens, et croit distinguer, sans en comprendre un mot : « presqu'île du Cap-Vert », ou encore « Dakar »… Mais de quoi parlent-ils ?

La quarantaine de captifs ayant survécu à cet éprouvant périple est sommée d'avancer sur un ponton en bois. La construction est très instable, provoquant la panique. Deux chaloupes y sont amarrées, et d'un geste de la main, le marchand d'esclaves leur ordonne d'y embarquer.

Fakhane, comme d'ailleurs tous ceux qui sont enchaînés avec elle, est terrorisée par l'eau, et ne sait bien sûr pas nager. Elle reste d'abord figée, pétrifiée, puis se ressaisit, consciente que la seule alternative à l'obéissance est la mort !

Les deux chaloupes quittent le ponton. Les rives s'éloignent. Un silence de plomb accompagne les embarcations qui laissent derrière elles les espoirs des guerriers de Baol devenus esclaves.

La traversée leur paraît interminable. L'angoisse de sombrer dans les abysses, amplifiée par l'ignorance de leur destination, dévore leur esprit.

La houle s'accentue, le temps est orageux. Bientôt, la mer est démontée et les éclairs se déchaînent. Le rugissement des flots plonge les prisonniers dans une terreur qui dépasse tout ce qu'ils ont pu connaître. Affaiblis par le manque de nourriture, ils vomissent tripes et boyaux, mais seule de la bile sort de leur estomac. Combien de minutes, combien d'heures se sont écoulées dans cet enfer ?

Tous perdent la notion de l'espace et du temps.

Et puis la mer se calme, l'horizon s'éclaircit.

Un Européen s'exclame soudain : « Gorée, Gorée ! »

Fakhane et ses compagnons sont débarqués. Leur frayeur de la mer laisse place à une autre peur : quelle nouvelle épreuve vont-ils devoir affronter ?

ACTE III

En découvrant le rivage de l'île de Gorée, une pensée envahit l'esprit de Fakhane : elle est tombée au combat contre les troupes du *damel* de Cayor, et ses mauvaises actions l'ont conduite à endurer une éternité de souffrance.

La vingtaine d'hommes de la première chaloupe est entassée au sein d'un bâtiment manifestement construit récemment, dans une pièce aveugle d'une surface d'à peine sept mètres carrés. Les occupants de la seconde chaloupe, celle de Fakhane, sont « logés » à la même enseigne dans une autre cellule.

Non loin de là, on peut apercevoir une autre pièce où est enfermée une vingtaine de femmes accompagnées de jeunes enfants. Mais il y en a plus encore, que les nouveaux arrivants ne peuvent distinguer. Le bâtiment doit abriter en tout près de cent cinquante captifs.

Fakhane ne demande même pas à rejoindre la cellule des femmes, elle sait que cela lui sera refusé : c'est une guerrière, elle n'en aura pas le droit.

Prenant alors conscience de l'usage de cette prison, elle comprend enfin le sort qui les attend tous. Ce lieu, où n'est laissée aucune place à la dignité et l'humanité, n'en laisse pas plus au doute : les guerriers de Baol sont définitivement réduits en esclavage.

L'exiguïté de la cellule ne permet que la station debout, les plus chanceux pouvant s'adosser aux murs. Une ouverture laisse deviner l'immensité de l'océan. Un océan que les négriers, soucieux de maintenir une atmosphère de terreur, n'ont de cesse d'associer à l'existence, de l'autre côté, d'un « Nouveau Monde ».

Les esclaves sont enchaînés deux à deux par le cou cerclé d'un lourd collier de fer, leurs pieds et leurs poignets sont entravés. Les bracelets et les colliers mordent la chair des prisonniers, dont chaque paire est lestée d'un boulet de dix kilos.

Les captifs sont libérés de leur collier une fois par jour, d'abord pour manger un unique « repas » fait d'une bouillie infecte servie dans un seau rouillé, et afin d'assouvir leurs besoins naturels, lors desquels la surveillance sans relâche ne laisse aucune intimité.

Quelques jours passent lorsque Fakhane et son compagnon perpétuel, toujours enchaînés, sont extirpés de leur cellule et conduits à l'étage du bâtiment, puis dans une sorte de bureau où ils font face à un homme qu'ils voient pour la première fois. Sarcastique, l'homme leur fait remarquer qu'ils ressemblent à des frères siamois, leurs chaînes particulièrement courtes ne leur laissant aucune liberté de mouvement. De fait, malgré les privations, l'imposant physique de Fakhane a poussé les gardes, craignant sa force, à serrer avec un soin particulier les entraves qui ont déjà entamé sa chair.

Celui qui semble être le chef des négriers leur demande ensuite de décliner leur nom et leur ethnie. Sans savoir s'il est opportun de mentir ou préférable de dire la vérité, Fakhane s'exprime la première, choisissant la vérité.

Son compagnon, Kaynak, s'exécute à son tour, précisant sans qu'on le lui demande que son prénom signifie « le berger ».

C'est alors que l'homme, qui s'était jusqu'alors adressé à eux sur un ton plutôt affable, se met à hurler avec violence et hostilité, leur ordonnant d'oublier à jamais leur nom, leur ethnie, leur famille, et concluant que dans le Nouveau Monde, ils ne seront identifiés que par un numéro.

Sur ces mots, un garde s'avance avec une barre de métal à l'embout rougi par le feu. Les deux malheureux vont être marqués au fer d'un emblème qui les désignera comme la propriété du négrier.

C'est alors que Fakhane, jusqu'alors restée passive par crainte d'être mise à mort, décide de changer de stratégie.

Malgré ses chaînes, elle se débat avec une telle vigueur que les six hommes qui l'entourent ne parviennent pas à l'immobiliser. Kaynak, toujours attaché à celle que l'on surnomme « quatre bœufs », ne peut qu'accompagner malgré lui les mouvements de la lutteuse.

Stupéfait par la scène à laquelle il assiste, le chef des marchands ordonne de mettre un terme à la tentative de marquer Fakhane, partagé entre la colère devant cette rébellion et la satisfaction de posséder un tel « spécimen », qui plus est une femme, dont il sait que le physique exceptionnel vaudra littéralement son pesant d'or de l'autre côté de l'océan.

Il ordonne de conduire les deux esclaves dans la cellule dite « des récalcitrants », située sous le bâtiment principal. Ne disposant d'aucune fenêtre, elle se trouve plongée dans un noir total.

Quand la porte de la cellule se referme, Fakhane et Kaynak perçoivent des mouvements : un homme s'y trouve déjà. Ce dernier n'attend pas longtemps avant de s'adresser aux deux nouveaux arrivants et leur déclarer y croupir depuis plusieurs semaines après avoir refusé d'embarquer dans le voilier.

Car, une fois leur marchandise arrivée à Gorée, il n'est plus question pour les négriers d'exécuter un seul des esclaves, dont la valeur est bien trop importante. L'essentiel est de les mater, de les soumettre pour qu'ils embarquent dans les navires dont les départs ont lieu environ tous les trois mois. L'homme ajoute qu'il croit avoir compris que les prochains sont en partance pour une destination dont le nom est Carthagène des Indes. Il raconte aussi, que, lors du dernier embarquement, un captif avait tenté de s'échapper en se jetant à la mer, entraînant avec lui son compagnon d'infortune. Le poids de leurs chaînes et du boulet les a inexorablement entraînés vers le fond, dont ils ne sont jamais remontés...

Fakhane prend son mal en patience. Elle endure l'obscurité, le manque de nourriture, l'insalubrité. Kaynak, quant à lui, commence à perdre la tête. Sans raison particulière, ils sont régulièrement fouettés, leur dos est lacéré, leur chair mise à vif. Après un nombre de jours dont les deux Sérères ont perdu le compte, leurs tortionnaires, probablement convaincus qu'ils les ont domestiqués, les ramènent dans leur première cellule et annoncent que le départ pour le Nouveau Monde est prévu pour le lendemain. Les grands voiliers sont d'ailleurs déjà là, ancrés au large. Ils sont prêts à transporter leur précieuse marchandise vers Carthagène des Indes, grand port de Colombie, cette colonie espagnole baptisée en hommage à un célèbre navigateur génois qui pensait avoir rejoint les Indes en 1492.

La pleine lune illumine l'île où la nuit est tombée. Fakhane ne trouve pas le sommeil. À l'aube, les captifs sortent et sont désappairés pour prendre un dernier repas avant l'embarquement, le plus copieux qu'ils aient jamais eu. Le temps est dégagé, l'océan calme et propice à une navigation sans trop d'encombres. La traversée va durer plusieurs mois, il est important que ceux-là mêmes qui vont ramer vers leur servitude soient suffisamment nourris.

Fakhane, les mains et les pieds toujours entravés, termine son repas et demande si elle peut s'éloigner pour assouvir un besoin naturel. Le regard paisible et le ton posé de la lutteuse n'alertent pas le garde, qui l'escorte en contrebas, à l'abri des regards.

Un peu à l'écart, elle se soulage, espérant inciter son geôlier à détourner le regard. Mieux encore, l'homme lui tourne le dos.

Sans même prendre le temps de se rhabiller, Fakhane se jette sur lui, et, en une fraction de seconde, le maîtrise grâce à une prise de son invention qui l'a rendue célèbre : l'étranglement de l'anaconda.

Fakhane a renversé l'homme sur elle. Plaqués au sol, elle l'étrangle d'un bras en exerçant une pression sur sa carotide qui empêche simultanément l'air et le sang de circuler. Simultanément, les genoux de la lutteuse sanglent les jambes de son bourreau, lui interdisant le moindre mouvement.

Le visage de l'homme devient rouge écarlate, il suffoque. Fakhane prolonge son étreinte, et lui chuchote à l'oreille :

— Mon nom est Fakhane, ça veut dire « tendre » ! Je pourrais te briser la nuque, mais je vais te tuer tendrement.

Les yeux dans ses yeux, le front au sien, elle savoure l'agonie, jusqu'à son ultime soubresaut.

Fakhane se saisit du trousseau de clés du garde sans vie, se libère des chaînes qui entravent toujours ses mains et ses pieds. Puis, sans hésiter, elle qui ne sait pas nager, elle se jette à l'eau et improvise les mouvements que lui dicte son instinct de survie. Progressivement, elle parvient à s'éloigner du rivage. L'île des malheurs est déjà à une cinquantaine de mètres derrière elle, et personne n'a encore remarqué sa fuite. Fakhane ne se retourne plus et se concentre sur sa mission : nager, nager, nager sans relâche pour échapper à sa condition.

Le sel brûle la chair à vif de ses poignets et de ses chevilles. Il ronge les plaies de son dos lacéré par les multiples coups de fouets qu'elle a reçus. Elle ne maîtrise aucune technique de nage. Seule sa volonté la porte. Après un long moment dans l'eau, elle est paralysée par les crampes, se laisse dériver. À bout, elle se sent partir, privée d'oxygène. Elle coule, ressent la douceur de la mort toute proche, comme une sorte de soulagement. Et puis une voix, une petite voix intérieure lui parle, l'encourage, lui remet à l'esprit les bons moments de sa vie, son village, sa famille, ses combats. Elle se ressaisit, se surpasse. La vie doit l'emporter. Tout à coup, elle se sent portée par un puissant courant, y voit un signe du destin. Dans un état second, elle poursuit, sans relâche.

Au loin, elle aperçoit le rivage. Plus rien ne peut l'arrêter, elle jubile. La plage est là, déserte. L'eau, qui était d'un bleu profond inquiétant au départ de l'île de Gorée, devient subitement turquoise, limpide. Tout à coup, elle a pied, sans pour autant pouvoir marcher. Elle se laisse dériver jusqu'au bord, puis elle rampe. Enfin sur le sable, elle se retourne, s'allonge sur le dos, fixe le ciel et s'endort d'épuisement. Non, ce n'est pas un rêve. Fakhane Diouf, promise au pire des destins, a franchi sans même savoir nager les plus de cinq kilomètres qui séparent Gorée de Dakar.

Fakhane se réveille. Elle a dormi profondément de longues heures tant l'effort a été violent. Engourdie, elle ne peut plus bouger.

Le soleil a brûlé sa peau. La soif la taraude, la faim l'assiège, la douleur l'assaille.

Après tout ce qu'elle vient de vivre, elle ne peut pas se laisser mourir ainsi sur cette plage, seule. Certes, se dit-elle, si elle périt, ce sera digne, libre. Mais une petite voix intérieure, ou plutôt une petite musique, un air de kora, joue en boucle dans son esprit. C'est l'hymne de son village qui l'appelle. Elle s'accroche à cette mélodie, qui devient comme hypnotique. Elle se lève, marche, marche encore, marche sans relâche, comme elle nageait pour fuir, comme elle luttait contre tous ces hommes, portée par une force mystérieuse.

Soudain, son village, Sa-Ra, est là, devant elle, silencieux comme chaque nuit.

Seul le baobab qui s'élève depuis plus d'un millénaire l'accueille. Elle s'y adosse, éreintée, exténuée, assommée puis s'endort.

*

Cinquante années se sont écoulées. Fakhane est devenue une légende. Elle est mère de sept enfants et grand-mère de vingt petits-enfants. Tous lui vouent un grand respect. Chacun connaît en détail les nombreux périples de sa vie tumultueuse.

Ce matin-là, elle se lève avec l'envie de s'asseoir contre le vieux baobab, comme elle le fait souvent. Elle sort de chez elle, mais, à mi-chemin, elle s'effondre.

Toujours consciente, elle est allongée sur le dos, les yeux rivés sur les quelques nuages qui épousent des formes qu'elle reconnaît. Ce sont les mêmes mouvements, la même danse dans les cieux qu'elle observait sur la plage de Dakar après son évasion de Gorée.

Là aussi, le soleil caresse sa peau.

Là aussi, elle se sent glisser.

Son souffle s'estompe, ses yeux se ferment.

Ainsi s'abandonne Fakhane Diouf.

Le monde de l'Âme

Est-ce le soleil qui réchauffe sa peau ?

Un état de bien-être indéfinissable a envahi son corps. Elle ne s'est jamais sentie aussi bien. Tous ses sens sont en éveil. Ce silence… est tellement bon, apaisant. Son corps… s'enfonce comme dans du coton. Elle se sent confiante, garde les yeux fermés. Si elle les ouvre, ces délicieuses sensations ne vont-elles pas disparaître ?

— Elles ne cesseront pas.

Fakhane sursaute, son corps et son esprit sont sur le qui-vive. Elle a ouvert les yeux, et dans cette obscurité qui l'entoure, elle est déjà sur ses gardes, accroupie, ses muscles contractés, prête à bondir.

— Tu n'as plus rien à craindre, tu sais. Tu as juste à exprimer tes besoins.

Un halo de lumière apparaît dans l'obscurité. En son centre, une petite fille semble attendre Fakhane depuis longtemps. Elle a l'air tellement sage. Elle paraît être là depuis…

— J'étais là, je t'ai observée, de ta naissance jusqu'à ton linceul.

— Tu es une enfant. Comment est-ce possible ? Tu me ressembles tant !

— Je suis heureuse que tu te reconnaisses.

— Alors tu es... moi ? Moi enfant ?

— Si tu le vois ainsi, je suis la petite Fakhane.

— Comment... ?

— Approche-toi un peu plus, viens, ne crains rien. Je suis toi.

Alors qu'elle quitte l'obscurité pour la lumière, Fakhane sent son corps se détendre, la bienveillance irrigue peu à peu son cœur. Plus elle approche, plus elle se sent courageuse, aimée. Plus je m'approcherai de moi, plus je serai courageux et aimé. Par moi même...

— Et si tu me prenais dans tes bras ?

La petite se blottit contre Fakhane, dont les yeux s'emplissent de larmes. L'adulte serre le corps de l'enfant contre le sien.

— Là, voilà, tu es bien ainsi ?

— Tellement bien... Mais toi, comment vas-tu ? Toutes ces horreurs que j'ai vécues... Sommes-nous mortes ?

— Ne te préoccupe pas de moi. Ton enveloppe est partie, oui, tu vas passer à autre chose, comme à chaque fois.

— Alors je suis rassurée.

— Rassurée ?

— Oui, au fond de moi, je n'aimais pas mon corps. Ce corps si masculin, cette force, cette absence de féminité. Les hommes ne me voyaient pas comme une femme et les femmes ne me percevaient pas comme l'une des leurs. J'étais si différente…

— Oui, le courage est nécessaire quand on est différent.

— Je n'aimais pas mon corps. Il me servait, mais je ne l'aimais pas ainsi.

— Tu détestais la forme. Or, la forme est nécessaire pour le fond. Plus tu refuseras ce qui t'est proposé, plus tu t'éloigneras du fond… Ainsi, Fakhane, tout n'est qu'un voyage intérieur. L'extérieur est le reflet de l'intérieur.

— Je commence à me rappeler, oui.

— Alors, ferme les yeux. Des souvenirs vont surgir, laisse-les venir… À présent, ne dis rien, les images de ton ancienne enveloppe apparaissent peu à peu. Te voilà au Japon, au XIXe siècle. On t'avait nommé Tashiro. Et tout ce que tu as traversé alors, dans ce corps-là, dans ce véhicule-là, t'a amené à acquérir l'assurance et l'appréciation. Te souviens-tu ?

— C'est étrange... oui. Je me rappelle.

— Continue à respirer. Les sensations liées à cette vie vont revenir en toi. Garde les yeux fermés, ce n'est qu'un passage...

Fakhane sert tendrement le corps de l'enfant contre elle tout en respirant tranquillement.

— Pourquoi m'as-tu fait venir ici ?

— Je ne t'ai pas fait venir ici Fakhane. Tu es venue par toi-même.

Les yeux de la petite fille la fixent, brillent. Ils contiennent le monde entier. Fakhane, elle, est dans l'attente de réponses à ses questions.

— Je ne comprends pas. Qu'attends-tu de moi ?

— Je n'attends rien. Je suis là. C'est tout.

— J'aimerais des réponses à mes questions.

— Veux-tu des réponses à tes questions ou bien recevoir des réponses à des questions que tu n'as pas encore ?

— ...

— Quelle est ta demande ?

— J'aimerais savoir si tu es mon guide.

— Qu'est-ce qu'un guide pour toi ?

— Quelqu'un qui me montrerait le chemin.

— Le chemin pour… ?

— Me rappeler...

— Fakhane, quelle est ta demande ? Quel est ton besoin ?

— J'aimerais comprendre pourquoi nous avons plusieurs vies, plusieurs étapes à franchir.

— As-tu compris que tu avais été Tashiro avant d'être Fakhane ?

— Oui, je commence à me rappeler.

— Tu es revenue ici dans le monde des Âmes. Ta vie sur terre en tant que Fakhane est donc terminée.

— Oui...

— Tu ne te souvenais pas de l'enveloppe que tu avais avant, celle de Tashiro, car lorsque nous sommes sur terre, du fait de notre voile psychique, nous sommes déconnectés de la quasi-totalité de notre conscience.

— Un voile psychique ?

— Oui, un voile qui te fait tout oublier, qui occulte tes souvenirs. Tu es dans un passage de ton apprentissage. Un être humain se trouve dans l'état d'un enfant auquel on aurait mis des lunettes opaques dès sa naissance. Au centre de ces verres, seuls deux minuscules trous lui laissent voir le monde. Imagine qu'ils ont la taille d'une tête d'épingle...

— C'est minuscule !

— Oui, c'est minuscule. Donc ta perception de la réalité se limite à la taille de ces têtes d'épingle. En raison de cette déconnexion , tu as subi une amnésie spirituelle, ne sachant pas qui tu es, d'où tu viens, pourquoi tu es là et surtout quels sont tes devoirs spirituels ici-bas.

— Qu'est-ce que c'est, l'amnésie spirituelle ?

— As-tu déjà rencontré des personnes qui avaient perdu la mémoire ? Qui ne se souvenaient plus de rien ?

— Oui... L'un des esclaves avec qui j'ai voyagé. Un garde l'avait frappé tellement fort qu'il s'est évanoui. À son réveil, il ne se souvenait plus de rien, ni de son prénom, ni de sa famille… Rien.

— Alors tu viens de comprendre l'amnésie spirituelle : lorsque l'on revient dans un autre corps, une autre vie, en ayant tout oublié, ou presque.

— Mais c'est injuste !

— Injuste ?

— Si nous nous souvenions de tout, alors nous pourrions progresser plus rapidement, réussir nos vies...

— Rapidement ? Réussir ? Que veux-tu dire par là ?

— Nous pourrions fonder une famille, la mettre à l'abri, ne plus souffrir, anticiper les épreuves, faire...

— Respire, Fakhane… Est-ce cela « réussir », pour toi ?

— Oui…

— Alors tu en es là… Imagine à présent que quelqu'un se souvienne de tout et qu'il retrouve celle ou celui qui l'a horriblement fait souffrir. S'il n'a pas traversé l'étape du pardon, il pourrait le ou la tuer, qui sait ?

— Oui, en effet. Je commence à comprendre, ou plutôt, je commence à me rappeler…

— Alors à quoi bon ? Fakhane… Nous sommes tous des apprentis sur le chemin de la sagesse, qui progressent d'une vie à l'autre. Toutes les étapes de cet apprentissage sont inestimables : c'est notre parcours éducatif. Chaque situation n'est que le reflet de la profondeur de ton sommeil ou de la qualité de ton éveil…

— Alors c'est ainsi qu'on apprend ? En vivant une vie après l'autre ?

— Oui. Au cours de tes vies successives, ce qui passe d'une vie à l'autre constitue ton moi réel, ton identité, c'est ton Âme. Bien sûr, à chaque nouvelle vie, tu es dotée d'un nouveau moi conscient, mais le sentiment premier du moi reste le même ; c'est donc toujours le même moi qui passe d'une vie à l'autre, en gardant sa propre identité.

— Alors que garde-t-on des anciennes vies ? Suis-je Fakhane, ou suis-je Fakhane et Tashiro ?

— Je vois que tu commences à te rappeler. Et se rappeler c'est déjà guérir.

— Pourquoi ?

— Car ainsi tu avances... Laisse-moi te montrer quelque chose qui répondra à ta question.

La petite se libère de l'étreinte de Fakhane. Elle lui fait face. Dans sa main gauche, un vase en cristal étincelant est apparu. Elle le pose au sol.

— Ce vase symbolise toutes tes enveloppes. Il va contenir, comme ton Âme, l'ensemble de tes vies. Regarde. Imaginons la vie de Tashiro. Quelle serait sa couleur pour toi ?

Fakhane réfléchit :

— D'après les souvenirs que tu as fait remonter en moi, ce serait le... rouge, comme le sang qui m'a éclaboussé les yeux.

Aussitôt, le tiers du vase se remplit d'un liquide rouge.

— Et maintenant, quelle couleur donnerais-tu à ta vie en tant que Fakhane ?

— Ce serait la couleur de l'eau de la mer dans laquelle j'ai nagé. Un bleu... un bleu turquoise.

Et aussitôt, un liquide bleu turquoise apparaît dans le rouge. Ils dansent ensemble dans le vase, les volutes se mélangent... Bientôt, le rouge et le bleu fusionnent pour laisser place à un violet profond et vibrant.

— Quelle couleur vois-tu Fakhane ? Vois-tu le rouge ? Le turquoise ?

— C'est magnifique... Une autre couleur est apparue...

— Et c'est un mélange des deux autres. Ce n'est plus rouge. Ce n'est plus turquoise. C'est ce violet profond. Tu ne vois plus les autres couleurs, pourtant elles existent. Leur symbiose a créé une nouvelle couleur dans le vase.

— Ainsi je suis un violet profond et vibrant... un mélange de rouge et de turquoise.

— Oui. Au fil des séjours sur Terre, ton moi accumule les acquis positifs ou négatifs de tes différentes vies, tout comme le violet a acquis les propriétés du rouge et du turquoise. Si tu as vécu dans des corps successifs, tu accumules en toi les acquis des existences successives, mais tu restes toujours « toi » car tu conserves toujours le même « moi », que tu sois sur Terre, dans le monde des Âmes ou ailleurs.

— Alors l'assurance de Tashiro, sa capacité à voir la beauté font partie de moi ?

— Oui, c'est ça. Elles ont fusionné avec la confiance, le courage et la foi de Fakhane... Tu as une nouvelle couleur. Et ta nouvelle vie t'en donnera d'autres.

Fakhane sourit. Elle se sent bien, en harmonie. Elle est émerveillée par la sagesse de cette petite fille et l'ampleur de son savoir.

— Quelle sagesse que la tienne… Comment peux-tu faire preuve, si jeune, d'autant de lucidité ?

— Je ne suis sage et jeune qu'à tes yeux. C'est ainsi que j'ai souhaité apparaître devant toi. Je suis une Âme. Je ne suis ni enfant ni adulte.

— Oui c'est vrai, je me rappelle.

— Comment te sens-tu à présent ?

— Sereine…

— C'est parce que tu as franchi l'étape du pardon, l'une des couleurs de Tashiro. Il a transmis cette étape à celle que tu es. Rappelle-toi, tu as vécu l'esclavage. Que ressens-tu envers cela ?

— J'ai d'abord ressenti de la colère, puis j'ai vite compris que seul l'Amour pouvait me porter jusqu'à la rive. Je devais décider : garder la colère et mourir, ou nager avec Amour et survivre. J'ai choisis de pardonner à ceux qui m'avaient fait souffrir.

— C'est ainsi que Tashiro vivait aussi en toi. Car il a franchi cette étape qu'est le pardon. Tu as donc pu transformer tes blessures en forces. Cette alchimie t'a permis de continuer. Tes couleurs te suivront dans ta prochaine vie, Fakhane. Ferme les yeux, et sache-le au plus profond de ton être, au plus profond de l'Âme que tu es, car elle, elle le sait déjà.

Fakhane ferme alors doucement les yeux, et sombre peu à peu, paisiblement, dans un profond sommeil.

Et seuls ces mots résonnent à son esprit :

« Ô Âme, durant ton rêve éveillé, ne te rendors pas ! »

Bleu

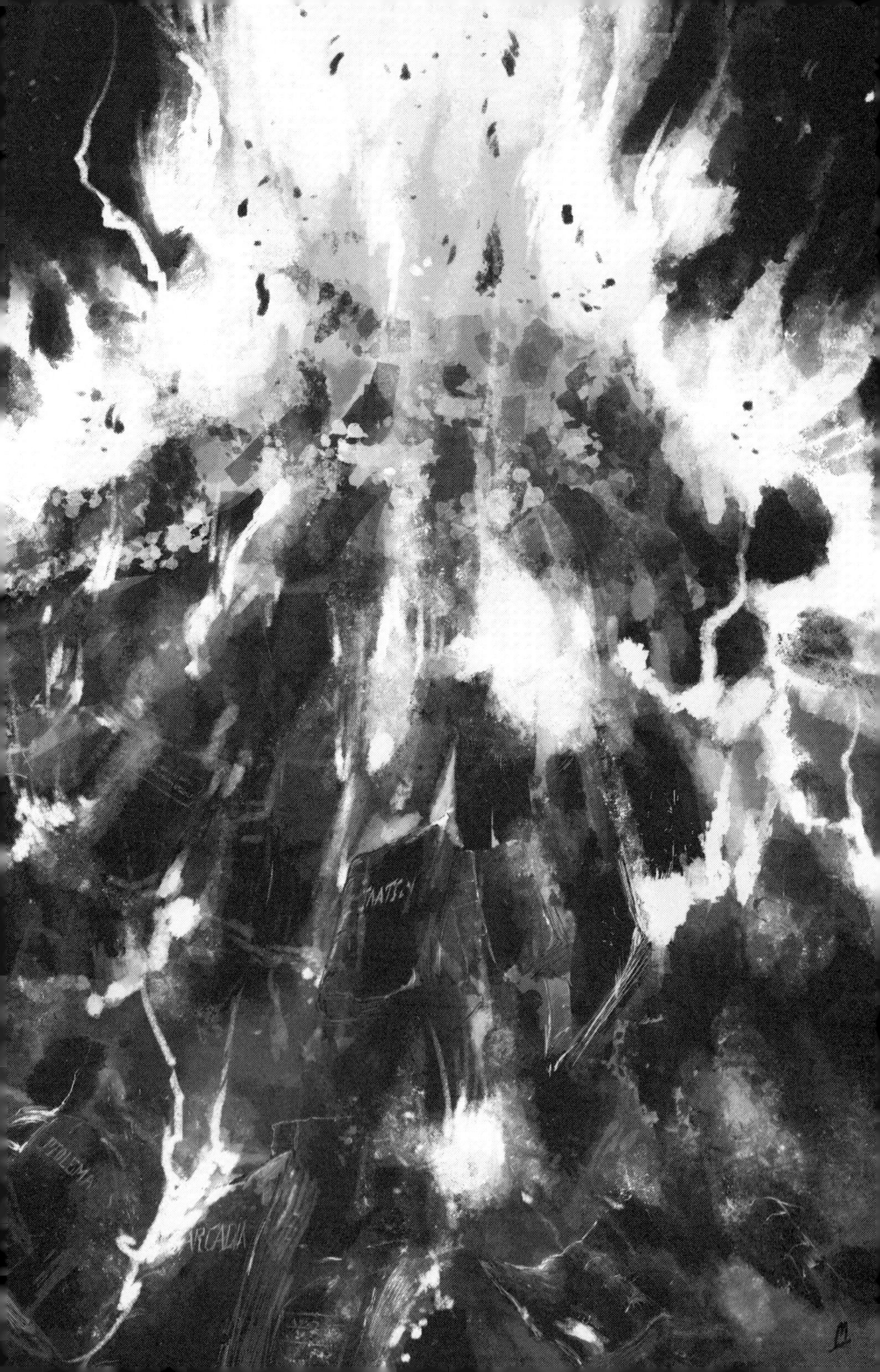
ARCADIA

ACTE I

— Est-ce que tu connais la stratégie de la mouche ?
— Non !
— Eh bien c'est simple, elle tape contre le carreau de la fenêtre, elle tape, elle tape, alors même que la porte est ouverte…

1. Cf3 Cf6

2. c4 g6

3. Cc3 Fg7

4. D4 O-O

5. Ff4 d5

Une heure s'écoule… Il reste trois coups.

39. Rc1 Ce2+

40. Rb1 Cc3+

41. Rc1 Tc2 mat.

Échec et mat !

Bilal, six ans, bat son père aux échecs pour la première fois, tout juste un an après y avoir été initié.

Dans bien des domaines, l'enfant semble surdoué. Il lit déjà couramment l'arabe, souhaite maintenant apprendre le latin et le grec, et montre déjà un fort attrait pour les mathématiques.

À Aoudaghost, aux frontières de l'empire du Ghana, tout le monde connaît la grande famille de Bilal, les Ibn Yassin. Installés depuis plusieurs générations dans cette prospère cité caravanière toute proche de la magnifique Tombouctou, ils sont les descendants directs du fondateur de la dynastie berbère des Almoravides, Abdellah Ibn Yassin. Une dynastie dont l'empire s'étendait du cœur de l'Afrique de l'Ouest jusqu'à, bien plus au nord, l'Andalousie, mais qui fut renversée quatre décennies avant cette partie d'échecs par les Almohades.

La nouvelle dynastie avait instauré dès son arrivée au pouvoir un islam particulièrement rigoriste, s'opposant ainsi au rite malékite, ouvert et tolérant, qui prévalait jusqu'alors dans l'empire.

La musique comme la pratique des échecs sont ainsi proscrites. Mais ce n'était que les prémices d'une escalade dans la répression et la persécution des savants et intellectuels, qui iront jusqu'à l'organisation régulière d'autodafés, ces impressionnantes destructions publiques et rituelles par le feu de livres et écrits jugés impies.

Dès 1147, date de la prise de Marrakech par les Almohades, le grand-père de Bilal fut témoin de ce tournant historique : la fin de l'âge d'or de la civilisation d'Al-Andalous, dont l'influence fut l'un des caractères les plus marquants de la période almoravide.

La fin aussi du vivre ensemble qui était alors la règle entre musulmans, chrétiens et juifs. Les gens du Livre, les non-musulmans désignés par le terme *dhimmis*, qui signifie « protégés » ou « alliés », sont pour la plupart forcés à la conversion ou à l'exil, alors même qu'ils occupaient des postes clés dans l'administration et jouaient un rôle essentiel dans le bon fonctionnement de l'État. Ils sont remplacés par des incompétents, dont le seul mérite est d'être proche des nouveaux tyrans.

Quant aux Ibn Yassin, qui occupaient des fonctions importantes dans l'empire almoravide, ils ne sont plus en odeur de sainteté lorsque leurs successeurs arrivent au pouvoir. La famille de Bilal est en effet très éduquée, et compte bon nombre de savants, plus particulièrement des mathématiciens. Ils sont peu à peu déclassés, socialement comme économiquement.

Une cinquantaine d'années se sont écoulées depuis le changement de régime, mais le petit Bilal est nourri des récits de son père et son grand-père, qui ont dû faire preuve de modestie et de discrétion, bien qu'ils n'aient jamais transigé avec leurs principes. Le père de Bilal est un simple professeur de mathématiques. Il transmet sa passion pour cette discipline à son fils, lequel est d'ailleurs doté d'impressionnantes prédispositions héréditaires. Et le jeune Bilal déborde déjà d'ambition. Son rêve ultime est de gagner Bagdad et d'y intégrer sa célèbre maison de la Sagesse.

Cette institution, tout à la fois université, bibliothèque, centre de traduction et de copie des grands ouvrages contemporains et anciens, lieu de recherche et de débats et même hôpital, rassemble les plus grands esprits. Tous les domaines scientifiques y sont alors représentés : médecine, astronomie, mathématiques, philosophie, poésie, histoire, géographie, botanique, chimie et même alchimie.

Les années passent. Bilal a désormais quinze ans. Il est prêt à réaliser son grand voyage vers Bagdad. Son père lui a transmis toutes ses connaissances en mathématiques ainsi que sa passion cachée pour la poésie, dont il n'est pas de bon de faire état en cette ère rigoriste. Il pourra néanmoins s'y adonner à Bagdad, capitale du califat abbasside, loin de l'obscurantisme imposé par les Almohades.

Bilal se prépare à quitter le cocon familial quand son père, conscient de la distance à parcourir jusqu'à Bagdad et de son âge avancé, doutant de revoir jamais son fils, et, craignant de l'emporter dans sa tombe, décide de lui confier un secret, ou plutôt une mission.

Perpétuant ce que ses propres père, grand-père, arrière-grand-père et bien d'autres de ses ancêtres se sont transmis, génération après génération, il révèle à son fils l'existence de la divination du sable. Cette technique mathématique, appelée dans la région « Code Bamana », y fut inventée bien des décennies auparavant. La méthode, révolutionnaire, a depuis été perpétuée par les mathématiciens de la famille de Bilal, qui ont toujours considéré qu'elle permettrait un véritable bond en avant dans la pensée algébrique. N'ayant trouvé personne dans la région possédant les compétences pour la développer, le pèrc et le grand-père de Bilal avaient tenté à de nombreuses reprises de correspondre avec de grands scientifiques du monde arabo-musulman pour partager cette découverte. Mais jamais la moindre réponse ne leur était parvenue.

Bilal se voit donc confier une mission bien précise :lors de son voyage vers Bagdad, il devra faire un détour par l'Andalousie, et plus précisément par Cordoue, afin d'y apporter les manuscrits du Code Bamana de son père, trop âgé pour s'en charger lui-même.

Il lui faudra quérir l'aide du savant Ibn Rushd, que le monde occidental connaît sous le nom d'Averroès, qui pourra présenter Bilal à d'éminents mathématiciens. Le jeune homme pourra ainsi partager avec eux cette formidable découverte, qu'il leur faudra explorer, documenter et tenter d'appliquer.

L'hiver venu, période dont le climat est le plus propice pour se mettre en mouvement, Bilal intègre une immense caravane composée de plus de cinq mille chameaux. Le long périple de plusieurs mois vers le nord commence alors. Chaque jour à l'aube, la caravane s'ébranle au son des timbales. Chaque midi, les fortes chaleurs se font ressentir et tout le monde s'arrête, s'hydrate, se restaure et se repose à l'ombre des tentes avant de reprendre la route en fin d'après-midi, jusqu'à l'arrêt complet à la tombée de la nuit.

Pourtant risqué, le voyage se déroule sans encombre. Sur le trajet, les oasis et les villes étapes se présentent toujours à point nommé : Ouadane, Tamdoult, Marrakech, puis Fès, d'où Bilal rejoint Tanger. C'est de là qu'il embarque pour Algésiras, première étape sur la péninsule Ibérique, et dernière avant Cordoue.

ACTE II

En cette année 1195, la capitale d'Al-Andalous, grande rivale de Bagdad, est sur le déclin. Depuis que les Almohades ont imposé leur nouvel ordre moral, le rayonnement de Cordoue faiblit, tant scientifiquement qu'économiquement

Après des années passées au service du régime, Averroès est aujourd'hui en disgrâce.

C'est donc à un vieil homme préoccupé que se présente Bilal, dont le patronyme, un véritable sésame, a facilité la rencontre. Conscient du désarroi du savant, le jeune homme hésite à lui soumettre sa requête, craignant qu'il n'y soit guère sensible. Soucieux de s'attirer les faveurs d'Averroès, Bilal tente de l'adoucir en lui témoignant son admiration pour le philosophe, théologien, médecin et juriste qu'il est, glorifiant sa grande contribution à l'humanité tout entière.

Mais rien ne semble pouvoir faire sortir Averroès de son humeur maussade, jusqu'à ce qu'il entende Bilal évoquer avec nostalgie l'âge d'or des Almoravides. Le philosophe manifeste alors sa surprise qu'une telle remarque provienne d'un jeune garçon qui n'était même pas né lors du changement de pouvoir.

Comme exalté, Averroès se lance alors dans une diatribe à l'égard de ceux qui aujourd'hui, le considérant hérétique, l'ostracisent et le diffament.

Puis le savant installe son échiquier, et sans même lui demander s'il sait jouer, invite Bilal à l'affronter. Un si bel esprit ne peut qu'être aguerri à cet art.

Pour Averroès, proposer une partie d'échecs à un hôte est le signe qu'il l'apprécie fortement. Après seulement quelques coups, Averroès comprend que son adversaire lui est, supérieur, mais qu'il hésite et retient ses attaques. Puis, subitement, le jeune homme devient offensif, jusqu'à mater le savant.

Le vieux sage comprend que Bilal a pris le temps de réfléchir à la meilleure des stratégies. En ayant joué pleinement son jeu, sans complaisance, ce dernier a fait preuve de sincérité et d'authenticité, qualités chères à ses yeux.

Averroès invite le jeune homme à revenir le lendemain, lui donnant ainsi l'occasion de présenter sa requête.

C'est donc avec les manuscrits du Code Bamana que Bilal se présente le jour suivant chez Averroès. Bien qu'ayant étudié les mathématiques et acquis des compétences certaines, cette discipline n'est tout de même pas le domaine de prédilection du philosophe. Aussi le jeune homme lui en explique-t-il d'abord l'histoire du traité, manifestant son étonnement que nul parmi ceux que ces ancêtres avaient sollicités ne lui aient accordé d'attention. Bilal raconte comment les anciens traçaient des grilles dans le sable et y positionnaient des cailloux, obtenant des résultats étonnants, et comment, le sable étant, tout comme la mémoire humaine, éphémère, la famille de Bilal a entrepris de retranscrire la méthode. Ils ont ainsi rompu avec l'usage de la transmission orale, la seule à laquelle les anciens Berbères avaient recours – ce qui explique probablement pourquoi personne n'avait jamais exploré le sujet hormis les Ibn Yassin.

Averroès comprend instinctivement qu'il s'agit là d'une méthode révolutionnaire, sans pour autant en percevoir les applications potentielles. Des enfilades de 0 et de 1, des tableaux de correspondances, seize énigmatiques figures qui portent chacune un nom différent, des courbes, des schémas hermétiques et indéchiffrables… Il est intrigué, mais se sent aussi dépassé.

Dépité, il déclare à Bilal que, tous les grands mathématiciens, et de manière générale, la plupart des grands intellectuels de Cordoue, qu'ils soient juifs, chrétiens ou musulmans, ayant quitté la ville, de leur plein gré ou exilés de force, il sera difficile d'obtenir l'aide de quiconque. De plus, ceux qui sont restés craignent que toute initiative d'innovation soit mal perçue par le pouvoir en place. Il s'engage néanmoins à solliciter un brillant savant qu'il connaît personnellement, tout en prévenant le jeune homme que le processus d'analyse sera probablement long et qu'il faudra donc s'armer de patience.

Bilal et Averroès deviennent complices. Ils construisent une sorte de relation mentor-disciple. Le maître héberge maintenant son élève, subvient à ses besoins et lui enseigne la théologie, le droit et la philosophie. Le sous-sol de la demeure est aménagé en véritable bibliothèque, dans laquelle le jeune homme se rend chaque jour. Elle abrite à la fois des œuvres du savant, mais également de nombreux livres de toutes les disciplines possibles et imaginables.

Bilal découvre ainsi réellement l'étendue des écrits du savant, son traité de médecine, ainsi que la *Bidâya*, son principal ouvrage de droit, ses analyses théologiques, ses recueils de poésie et, surtout, ce qui fait sa renommée tout autant que sa mise au ban : ses traductions et commentaires de l'œuvre d'Aristote, en arabe mais aussi en latin, permettant leur diffusion dans le monde arabo-musulman comme dans toute l'Europe.

Il y a bien longtemps que plus personne ne rend visite au philosophe aristotélicien. Aussi, la compagnie de Bilal réchauffe-t-elle le cœur du savant en disgrâce. Il lui rappelle un autre adolescent avec lequel il s'est entretenu plusieurs années auparavant, devenu depuis un grand maître soufi : Ibn Arabi, surnommé « le fils de Platon », lequel a quitté Cordoue pour Fès afin de parfaire son parcours spirituel.

Près de deux années se sont écoulées lorsque, un jour, un soutien d'Averroès se présente chez lui pour l'avertir qu'une sentence a été prononcée à son encontre : tous ses livres vont être brûlés en public, et il sera banni définitivement de Cordoue. Une sentence terrible, certes, mais qui se substitue à la peine de mort par décapitation au sabre sur la place publique.

Averroès semble peu surpris de la nouvelle. Son sort personnel ne lui importe plus. La mort, l'exil, tout cela se vaut à l'aune de son grand âge. À ce stade de sa vie, ce qui le préoccupe le plus est le sort de ses livres. Aussi demande-t-il à Bilal de réunir sans plus attendre les plus précieux de ses écrits et copies afin d'aller les mettre à l'abri en Égypte. De là, il pourra poursuivre son parcours vers son but initial : la maison de la Sagesse de Bagdad.

ACTE III

Le lendemain, alors que l'aube point, à l'heure où noircit l'obscurantisme, les hommes du calife viennent annoncer à Averroès son exil immédiat à Lucena, petite ville située au sud de Cordoue, et saisir tous les ouvrages de sa prestigieuse bibliothèque.

Le banni reste de marbre, digne, et semble même soulagé, ce qui ne manque pas de surprendre ses bourreaux. La nuit précédente, Bilal, a quitté les lieux avec une partie d'un véritable trésor intellectuel, désormais en route vers une probable postérité.

Averroès avait fait appeler dans la nuit son vieil ami alchimiste qu'il avait sollicité à ce sujet, autant pour que son jeune protégé obtienne satisfaction à propos du Code Bamana que pour faire savoir ce qu'il adviendrait d'eux.

Sedik, que certains appellaient aussi le vieux prince original ou Malik, et même parfois Melki, s'était précipité chez Averroès. Il y avait trouvé Bilal en train de trier et empaqueter les livres qu'il emporterait le lendemain, et le savant dans une posture méditative, un chapelet à la main.

Il expliqua au jeune homme qu'il pensait avoir percé les secrets de son Code, mais qu'il est trop tôt pour les livrer au monde. Il s'engagea solennellement à les transmettre à l'humanité au moment opportun. L'alchimiste avait même donné un nom à cette méthode extraordinaire : la géomancie binaire divinatoire.

Saluant Bilal et Averroès, il avait déclaré en guise d'adieu :

— On ne choisit pas la voie, c'est la voie qui nous choisit.

Le lendemain, une épaisse fumée bleue s'élève dans le ciel de Cordoue. Elle émane du gigantesque autodafé de la connaissance d'un vieux sage au crépuscule de sa vie.

Déjà loin, Bilal se retourne et observe une dernière fois ce macabre nuage dans lequel l'âge d'or d'une civilisation s'évanouit dans les méandres de l'Univers.

Averroès, Ibn Rushd, endurera son exil en Andalousie avant d'être rappelé à Marrakech par le sultan, qui, peu avant que le savant rende son dernier souffle, le réhabilitera et lui accordera son pardon.

ACTE IV

À la fin de l'année 1197, Bilal arrive en Égypte. Il confie les livres d'Averroès à un érudit, gardien de la bibliothèque de l'université Al-Azhar, au Caire. L'héritage du savant est sauvé.

Il est temps pour le jeune homme de rejoindre la maison de la Sagesse à Bagdad.

Depuis Le Caire, il se rend à Jérusalem. La région est chaotique. D'une part les guerres intestines font rage, mais, surtout, les croisades sont à leur paroxysme. En effet, dix ans auparavant, Salah ad-Din, ou Saladin, à la tête d'une armée de vingt-cinq mille hommes, avait repris Jérusalem aux croisés qui y avaient établi un royaume franc. Le coup d'éclat avait embrasé la région.

Dans la ville sainte reconquise, Bilal remarque que tous les juifs, qui avaient été chassés par les croisés, étaient de nouveau intégrés à la population. Un constat qui le renvoie à ce qu'avait connu l'Andalousie, mais dans un mouvement inverse : là-bas, ce sont les nouveaux conquérants musulmans, les Almohades qui avaient chassé les juifs, alors qu'ici, le souverain musulman les avait réintégré pleinement dans la vie de la cité.

Après quelques mois, Bilal reprend la route et arrive à sa destination finale, Bagdad, en l'an 1200. Il y intègre enfin la maison de la Sagesse où il se spécialise en mathématiques, et découvre les grands mathématiciens qui l'ont précédé dans l'illustre institution, tels que le Perse Omar Khayyam, ou Al-Khwarizmi, dont le nom latinisé a donné le mot algorithme, ainsi que les frères Banu Musa, puis Nasir ad-Din al-Tusi, connu pour ses théorèmes en géométrie, Al-Kashi et tant d'autres…

Bilal passe des heures entières à classer les précieux ouvrages de la bibliothèque. Il prend soin de chaque livre avec une grande minutie : il les dépoussière et cire les couvertures de cuir. Il trie, ordonne, range par ordre alphabétique l'ensemble de ses trésors. Pour lui, il y a une place pour chaque chose et chaque chose a sa place.

Et, bien sûr, il consacre également sa vie aux mathématiques, tout comme à la réhabilitation de son maître Averroès.

Des décennies plus tard, en 1258, alors qu'il est âgé de soixante-dix-huit ans, des récits de voyageurs revenus de Chine lui parviennent.

Il apprend que, sous le commandement du terrible Kūbilaï Khān, les Mongols, des nomades venus de steppes d'Asie centrale, fort d'une gigantesque armée multiethnique, marche vers l'ouest en pillant, dévastant, incendiant tout sur leur passage. Ils sont en route pour Bagdad.

Malgré les alertes, l'armée du calife ne peut rien contre la horde qui déferle sur la ville. Elle plie, elle cède, et le plus resplendissant empire du monde arabo-musulman, le califat abbasside, s'effondre après cinq siècles d'existence. Bagdad est mise à sac.

Bilal, face à l'horreur, reste dans la bibliothèque de la maison de la Sagesse, avec la ferme intention de protéger ce qu'il pourra. Alors que les assaillants mongols envahissent ce temple du savoir, il tente de les arrêter leur lançant comme une injonction divine :

— Au nom de Dieu, le Clément, le Miséricordieux !

Mais les flammes jaillissent déjà de toutes parts. Un soldat est là, devant lui. Il s'approche, sort son long couteau et le poignarde violemment dans le bas-ventre, remontant d'un coup sec jusqu'à l'estomac. Le vieil homme qu'est Bilal s'effondre. Alors qu'il agonise, toujours conscient, son assassin se penche et lui murmure froidement à l'oreille, le couteau ensanglanté toujours à la main :

— Mon nom est Gantulga, « cœur de fer » !

Il observe le vieil homme se vider de son sang jusqu'à son dernier souffle, et quitte la maison de la Sagesse avant qu'elle ne soit entièrement ravagée par les flammes.

Et c'est alors qu'il tient encore à la main un précieux livre à la couverture cuivrée, que s'éteint Bilal Ibn Yassin.

Le monde de l'Âme

— Comment puis-je t'honorer ? Dis-moi quel est ton besoin.

Il est entouré d'or. Ou plutôt d'une lumière jaune d'or. Aucune autre matière. Son corps flotte dans cet air doré, dans ses scintillements. « Qui me parle ? Qui es-tu ? »

— Tu ne peux me voir, seulement m'entendre. Je suis tel que tu le souhaites. Lâche prise. Écoute ma voix. Quel est ton besoin ?

Bilal ne ressent plus aucune pression sur son corps, juste une délicatesse et une légèreté inhabituelles, impalpables, non substantielles.

L'espace d'un instant, il prend peur… Où est-il ?

— Je ressens ta peur, Bilal.

Cette voix…

D'où vient-elle ?

Elle est comme un écho résonnant dans les montagnes. La plus belle voix qu'il ait entendue.

— Tu te souviens encore de ta peur face aux assaillants mongols… Tu as choisi de garder en mémoire la souffrance lorsque cet assaillant t'a tué… De quoi as-tu besoin, Bilal ?

— Je ne te vois pas, je ne sais pas à quoi tu ressembles. D'où vient ta voix ?

— Tu m'as déjà vu sous une forme ou une autre. Cette fois-ci, tu peux m'entendre. Seulement m'entendre. Je suis là. De quoi as-tu besoin Bilal ?

— J'ai perdu tout repère ici. La peur et la souffrance m'envahissent. J'ai besoin de m'en libérer…

— Elles t'envahissent ? En es-tu sûr ? Ton ego a peur. Ton Âme, elle, ne craint rien.

— Que veux-tu dire ?

— Je ne dis que ce que tu souhaites entendre. Tu parles de peur et de souffrance. Tu as besoin de t'en libérer. Si tu choisis la souffrance, tu garderas une empreinte négative. Tu conserveras en toi cette couleur sombre qui t'entraînera plus bas, dans les tréfonds. Alors, chaque fois que tu verras le feu, il te rappellera tes souffrances lorsque la maison de la Sagesse a brûlé.

— Oui, je crois que c'est ce que je ressentirais à la vue du feu à nouveau.

— En effet. Une simple allumette ravivera ces douleurs. Le souvenir de ton corps torturé, achevant de mourir dans les flammes se réveillera. À chaque fois que tu seras confronté au feu, quelle que soit sa forme, le souvenir de cet instant activera ta mémoire cellulaire, qui laisse une trace biologique dans ton cerveau. Elle y est engrammée, et créant ainsi un impact, une empreinte dans la structure profonde de l'Âme. Au fil des expériences que nous vivons, ces traces mémorielles sont plus ou moins puissantes selon l'émotion qui les accompagne. Elles amènent à des habitudes inconscientes qui influencent nos rapports aux autres, nos jugements, nos comportements, nos vies.

— Alors nous sommes conditionnés ?

— Nous sommes conditionnés ou nous ne le sommes pas selon ce que nous faisons de ces traces.

— Comment se libère-t-on de tout cela ?

— Les traces mémorielles provoquent des actes conditionnés qui influencent ton karma, tes choix, ce que tu décides de faire. Ainsi, le fait que la douleur reste liée au feu se transformera en souffrance au fil du temps et impactera tes choix. L'événement ne sera plus là, mais la crainte de brûler à nouveau fera naître ta peur à la vue d'une simple flamme. Cette souffrance rappellera à ton ego que tu peux mourir à nouveau… J'en étais terrorisais à l'idée de me retrouver dans cette situat°. Maintenant que j'y suis. Je comprends …

— Alors je serai terrorisé.

— Si tu choisis de ne pas te libérer, oui, tu le seras. Car l'ego a peur d'une chose : de mourir. Et pour lui, souffrir c'est mourir. La souffrance est juste une information du passé qui lui rappelle qu'il peut mourir à nouveau.

— Alors pourquoi activons-nous cette mémoire de souffrance ? À quoi sert-elle ?

— Elle ne sert pas. L'être humain l'active car sa plus grande peur est de se rappeler l'Amour qu'il est. Car l'ego craint cette puissance qu'est l'Amour. Ton ego se souvient de la blessure et veut éviter à tout prix de la revivre.

— Alors, comment guérir cette douleur ?

— Chaque situation n'est que le reflet de ton degré de sommeil, d'éveil ou de compassion. Pour guérir, il faut identifier le mécanisme d'évitement face au feu, par exemple, ton mécanisme d'évitement de la souffrance. Et prendre conscience qu'à ce moment-là, il ne se passe rien. Absolument rien.

Une flamme apparaît devant Bilal. Elle vacille dans la lumière dorée. Le rouge et l'orange se mêlent à l'or. Il amorce un mouvement de recul.

— Ton ego a peur, il recule, Bilal. Ton Âme, elle, constate qu'il ne se passe rien, absolument rien. Elle sait que tu es l'Amour… Avais-tu peur lorsque tu as vu ton assaillant s'approcher pour te poignarder ?

— Non, je n'avais pas peur. J'ai fait ce que je pouvais pour sauver ce livre, j'étais prêt à accueillir tout ce qu'il se passait.

— Tu avais la capacité de contrôler tes pensées. Tout comme lorsque tu jouais aux échecs. Tu étais au-delà de la peur, tu étais Amour. Dans cet état d'Amour, tu constates que la peur est superflue.

— Alors à quoi bon vivre ces douleurs ? Pourquoi devoir faire face à l'incendie de la bibliothèque ? À la destruction de tous ces savoirs ?

— Tu as lutté pour tenter de protéger tous les livres. Tu as tenté de t'opposer à ce qui était. En vain. Dis-moi, ne t'est-il jamais arrivé d'assister à des débats entre des personnes qui s'embourbent dans leurs problèmes alors même que la solution te semble à toi évidente ?

— Oui, en effet.

— Sais-tu pourquoi ?

— Non, je ne vois pas.

— Parce qu'eux ne prennent pas de recul. En étant extérieur au problème, tu n'as pas d'implication émotionnelle. La solution te semble alors évidente.

— Oui, c'est vrai…

— Vois-tu, dans le monde des Âmes, nous assistons chaque jour aux débats intérieurs des humains, alors même que la solution est évidente. Nous acceptons. Les solutions sont donc évidentes.

— Alors, nous avons juste à accepter ?

— Oui, car tout ce que tu as vécu t'a permis d'accomplir ce que tu as accompli. Réfléchir à ce qui pourrait être autrement ne sert à rien puisque ça n'existe pas. Faire des hypothèses sur ce qui pourrait se passer différemment, tout comme avoir peur du jour suivant, ne sert à rien puisque ça n'existe pas. Chacun fait le voyage qu'il a à faire. Et tu as déjà fait plusieurs voyages. La vie est un prêt, et le monde n'est qu'une imitation rudimentaire de la réalité. Seuls les enfants peuvent prendre un jouet pour ce qu'il représente. Ainsi, le passé est une interprétation. L'avenir est une illusion. Le présent est une mission.

— Alors j'avais une mission de vie, simplement ?

— Ta vie en elle-même est une mission. Tu avais simplement à te rappeler que tout ce que tu fais sous une forme te reviendra sous la même forme. Tout est karma. Les énergies que l'on génère, les karmas, sont des cycles répétitifs qui s'apaisent, se nourrissent entre eux. Tu as été tué par un garde comme tu as fait mourir un garde dans une autre vie. Tu es et tu reçois la mort. Tu aimes et tu reçois l'Amour. Ainsi, tout n'est qu'une proposition d'éveil.

— Alors, quoi que je vive, personne ne viendra me sauver ? Pas même toi ?

— Te sauver ? Si tu comptes sur moi pour être dans une empathie par la douleur tu n'es pas au bon endroit. Ici on ne connaît pas cela.

La voix résonne plus fort encore. Elle s'amplifie, tournoie autour de Bilal. Il est au centre de l'écho.

Soudain, le silence se fait. Puis, derrière lui, il entend la voix qui chuchote :

— Je n'ai pas à te sauver. Ce serait de l'arrogance. Je ne peux aider une personne qu'à la hauteur qu'elle s'autorise. Le mienne est infinie. La hauteur à laquelle tu t'autorises à t'élever est-elle infinie, elle ? L'Amour n'est pas prétentieux, il ne cherche à sauver personne. L'Amour est neutre, c'est un espace, une dimension.

— Alors, est-ce toi l'Amour ?

— Je suis l'Amour tout comme tu l'es toi aussi, Bilal. Je suis un enseignant de l'Amour, je n'ai que ça à t'enseigner. Si tu cherches autre chose que l'Amour, si tu cherches une oreille attentive qui écoute ta douleur, je ne suis pas la bonne personne, tu n'es pas dans le bon espace. Je suis en empathie avec ce que tu as choisi de vivre, j'aime ce qui est, car tout est parfait.

Bilal se tourne et se retourne, cherchant à distinguer à qui appartient la voix.

— Tu cherches encore à me voir ? Penses-tu que je ne suis pas là simplement parce que tu ne me vois pas ? Suis-je absent ou présent ?

— Je te sens absent car je ne te vois pas.

— Absent, présent… Peu importe Bilal. Dis-moi plutôt ce que tu as ressenti face à ceux qui ont brûlé tant de livres ?

— J'étais en colère, j'étais bouleversé de voir ces livres dans les flammes. Toutes ces connaissances détruites. J'étais furieux contre ces hommes qui anéantissaient ces savoirs.

— Et ainsi tu te sens encore coupable, sauveur, victime. Sors de ce cercle. Dès que tu quittes ces rôles, tout n'est que pure compassion. Les trouvais-tu cruels ?

— Terriblement, oui.

— Tout est une question de point de vue. Ainsi, la colère est un sentiment lié à l'impuissance. Tu peux à présent accueillir tous les acteurs du théâtre de la vie, tous leurs rôles dans la perfection de ce qu'ils étaient car ils t'ont permis d'exprimer ta colère.

— Oui, je me rappelle.

— Bilal, tu cherches à analyser et à tout comprendre. Tu arrives dans des degrés avancés de ta vie et ton ego devient instruit et subtil. Il va chercher à contrôler les choses. Imagine que tu conscientises plutôt que d'analyser. Ne cherche pas à décortiquer la moindre de mes phrases. C'est une tentative de contrôle de la part de ton ego. Accueille simplement mes paroles, laisse ces mots infuser en toi, laisse le temps à la graine de germer.

— Suggères-tu que ceux qui ont brûlé les livres n'étaient pas cruels ?

— C'est ta vérité au moment où tu la dis… Cruels ou bons… Absent, présent… Blanc ou noir… Sauveur ou bourreau… Juste ou injuste… Sain ou malsain… C'est un monde séparé dont ton ego me parle. Tant que tu restes dans la séparation, tu restes aussi éloigné de l'Amour. Beaucoup de gens arrivent ici et parlent de leurs histoires d'Amour alors qu'il s'agit de leurs histoires d'ego. Quand on vit dans un monde séparé, c'est l'ego qui raconte l'histoire.

— Et si l'Âme racontait cette histoire, que dirait-elle ?

— Elle dirait que nous sommes toujours avec le partenaire idéal. Lorsque l'on est dans la compassion et l'Amour sincère, on sait. Alors on est capable de remercier l'autre pour ce qu'il nous a apporté, en souhaitant de lui avoir apporté tout autant. C'est à partir de là que le cycle s'arrête, c'est le retour à l'unité dont nous faisons tous partie.

— Le retour à l'unité, oui, je commence à comprendre.

— Seul ce retour à l'unité te guidera vers l'Amour à nouveau. Souhaites-tu exprimer un besoin à ce propos ?

— J'ai besoin de ton aide.

Un souffle d'air frais soulève doucement Bilal, qui flotte un peu plus haut dans l'air doré. Il entend alors :

— Répète : je ne suis pas mes croyances, je ne suis pas la somme de mes croyances, je suis une porte qui ouvre sur une autre porte, à l'infini. Ton seul rôle est de guérir de tes illusions de souffrance pour revenir à l'unité, donc à l'Amour. Il n'y a qu'un seul chemin possible pour retrouver la paix de l'esprit, que tu as déjà. L'illusion du choix vient juste tapisser ton décor pour te laisser le temps de l'intégrer. Tu as eu une hallucination du monde, coloré par ce décor-là. Or, tu es déjà accompli, tu es déjà dans l'unité. Résister c'est souffrir, souffrir c'est maintenir l'illusion de la séparation.

— As-tu déjà connu toi aussi des habits et décors différents ?

— On est tous un petit prince, une petite princesse sur sa planète.

— As-tu déjà vécu des épreuves telles que la mienne ?

— Il n'y a que les gens qui ont été brisés qui accompagnent ceux qui sont brisés.

— Brisés…

— Tu notes encore mes mots et cherches l'analyse, le contrôle. Tu es encore englué. C'est en 5D que tu iras à l'unité, que tu quitteras la séparation.

— En 5D ?

— La 5D est une dimension. Il en existe plusieurs : 3D,4D,5D. La 5D regroupe les autres, sans hiérarchie. (Ce ne sont pas tant des niveaux que des états, mais par facilité, appelons-les « niveaux ».) Ces niveaux peuvent s'interpénétrer, et les niveaux supérieurs englobent les niveaux inférieurs. La 3D, c'est le monde de la dualité avec tout ce que cela implique : la séparation. C'est le monde dominant du « moi je », de l'ego, de la personnalité, du mental, de l'émotionnel, de la survie. Tout est fondé sur la différenciation entre ce moi et les autres dans tous les domaines : physique, sexe, âge, race, caractère, famille, social, travail, richesse, pouvoir… Tout fait croire qu'il n'y a aucun lien entre moi et les autres.

— Alors, je suis en 3D lorsque je différencie l'absence de la présence, la cruauté de la gentillesse… Est-ce mal ?

— Mal, bien… c'est encore une séparation. L'important n'est pas ce que tu fais, c'est à partir de quel endroit, de quel espace tu le fais. Pense-toi comme un nuage. Les nuages ne font jamais d'erreur. Leur forme est ce qui doit être. As-tu déjà vu un nuage difforme ? Une vague imparfaite ? Laisse-moi te poser une question : est-il mieux d'inspirer ou d'expirer ?

— Je me rappelle. Les deux sont indispensables.

— Voilà. Cette interdépendance, cette absence de binarité, c'est la 5D. En 5D, il n'y a plus de séparation, plus de jugement. C'est l'unité, tu considères les autres comme toi, dans une autre expérience. Dans la 5D, tous sont reliés, et ce qui arrive à un l'un arrive aux autres, et forcément à toi. Tu souhaites donc le bonheur des autres. Il y a fusion des énergies individuelles dans tous les registres.

— Et la 4D alors ?

— C'est l'état intermédiaire. La dualité existe encore, mais elle est moins présente qu'en 3D. Ainsi, lorsque tu agiras d'une position d'observateur permanent, tu verras de plus en plus de manifestations en lien avec ton élévation. Alors toute ta vie ne sera que manifestations, synchronicités et inspirations.

Bilal devient songeur. Tout cela a-t-il une fin ? Un but ? Que se passe-t-il lorsque tout est fini ?

La voix reprend :

— Je peux entendre ton ego se débattre. Il cherche à survivre. Une fois que c'est « fini », comme ton ego le dit, tu peux rencontrer la paix que tu es. C'est à toi de décider de choisir entre la séparation et l'unité.

Bilal observe les scintillements de l'air doré autour de lui.

— Quelle aventure que toutes ces vies…

— Quelle aventure que l'Amour, Bilal…

Des frissons parcourent le corps de Bilal avant qu'une douce chaleur ne l'envahisse. Il est dans un état de bien-être absolu.

Soudain, l'écho du mot « Amour » résonne, éclipsant le jaune or de la lumière, car la couleur n'a plus lieu d'être.

Seul Tout est.

Et Bilal croit entendre une voix chuchotant avec la plus profonde des tendresses :

« Ô Âme, durant ton rêve éveillé, ne te rendors pas ! »

Or

ACTE I

« Rien ne naît ni ne périt,
mais des choses déjà existantes se combinent,
puis se séparent de nouveau. »
ANAXAGORE

Jacques se déplace difficilement, alourdi par son paquetage et ralenti par les cadavres que personne n'a encore pu ramasser et qu'il doit enjamber.

L'odeur pestilentielle des corps en décomposition attaque jusqu'à l'intérieur de ses bronches, l'air semble corrompu, il s'essouffle vite. Il n'a plus la vigueur de ses vingt ans. Et pour cause… il en compte plus de soixante-dix.

En ce milieu de XIVe siècle, une pandémie de peste noire a ravagé l'Europe. Elle a fauché un Européen sur deux. Mais, à Paris, elle semble avoir décimé plus des trois quarts des habitants.

Jacques se rapproche de sa destination, au cœur de la capitale. Il se tient enfin devant l'impressionnante église Saint-Jacques-la-Boucherie et sa magnifique tour clocher. L'édifice se nomme ainsi car le quartier est connu pour ses nombreuses boucheries. D'ailleurs, les bêtes y errent en pleine rue. Des cochons, des volailles, quelques bœufs et même de vieux chevaux attendent leur proche rencontre avec le tranchant couteau du boucher. Les tanneurs, également en grand nombre dans le quartier, lorgnent leur matière première en devenir. Le sol est un tapis boueux coloré par les coulées de sang.

L'alignement de maisons à colombage chancelantes donne le sentiment d'un effondrement proche. Les rats n'ont même plus peur des hommes.

Jacques repère enfin l'échoppe qu'il recherche. Elle se distingue nettement de son environnement. « Que fait donc une librairie au milieu de ce chaos », se demande le vieillard.

Il s'approche. Un jeune homme brun d'une trentaine d'années, de belle stature et élégant, semblant perdu dans des pensées profondes en sort pour accueillir le vieil homme. Il se présente :

— Nicolas Flamel : maître calligraphe, écrivain public, copiste, relieur…

Jacques explique alors qu'il souhaite vendre un livre, tout en tendant au libraire un lourd ouvrage.

Jusque-là accoudé à l'éventaire sur le pas de la porte de son échoppe, ce dernier se lève brusquement, comme saisi d'une vision… C'est en fait un songe, fait plusieurs années auparavant, qui lui revient à l'esprit.

Une nuit, un être vêtu de lumière vive, trouble et aveuglante lui était apparu dans sa chambre à coucher, et lui avait tendu un livre, ou plutôt un grimoire, à la couverture cuivrée et de l'épaisseur d'une encyclopédie. Le libraire avait alors tenté de le saisir. Mais à mesure qu'il s'approchait de l'être de lumière, ce dernier reculait en prononçant des mots incompréhensibles pour Flamel, qui supposa qu'il s'agissait d'un mélange de grec et d'arabe, ou d'hébreu peut-être. Puis subitement l'être de lumière s'était évaporé.

Pendant longtemps, le libraire fut hanté par ce drôle de rêve, et se mit même à penser qu'il ne s'agissait pas d'un songe mais plutôt d'une apparition. Il tenta de se remémorer les paroles de l'être de lumière, chercha des indices dans des livres, en vain. La vie ayant suivi son cours, il oublia. Mais dans l'esprit de Nicolas Flamel, une petite flamme était demeurée, toujours là, certes à feu doux, et pourtant bel et bien ancrée.

Dès que Jacques lui tend le livre, il reconnaît immédiatement le grimoire de son songe. La couverture cuivrée, la reliure si spécifique ne laissent aucun doute pour son œil aiguisé de libraire. De peur de revivre son rêve, il n'essaye pas de le saisir, et fixe Jacques droit dans les yeux, concentré sur ce que l'homme pourrait lui dire, espérant cette fois-ci comprendre les mots qu'il prononcera.

Jacques reste silencieux, déstabilisé par le silence et l'immobillité de Flamel, qui ne fait aucun geste pour prendre l'ouvrage qui lui est tendu. « Drôle de comportement pour un libraire », se dit alors Jacques.

Le curieux manège dure un instant, mais, voyant les bras du vieil homme fléchir sous le poids du livre, Flamel avance enfin la main droite, puis la gauche, pour, sans trop y croire, tenir fermement le grimoire qui l'a tant obsédé. Non, il ne rêve pas.

Il le dispose avec précaution sur l'étalage, puis, après avoir enfilé des gants, commence à le feuilleter. Il s'ouvre sur une image extrêmement complexe, les pages suivantes sont couvertes d'un dédale de textes et de signes étranges : des soleils, des étoiles, des personnages ailés, des géants comme engloutis par des flots, des textes hiéroglyphiques, en araméen, en arabe et en hébreu…

Ici et là, il saisit certains éléments, comme le caducée d'Hermès parmi des références à un certain Thot, sans toutefois en déchiffrer le sens profond.

Nicolas Flamel se retourne alors vers l'homme qui lui a apporté le grimoire et lui demande son prix, s'attendant à une somme astronomique. Jacques lui explique alors qu'il ne souhaite pas d'argent et n'attend de lui qu'une seule chose : que Flamel se rende en Espagne, plus précisément en Andalousie, afin d'y enterrer une grande boîte qu'il lui tend. À son tour, il parcourt le précieux ouvrage et désigne sur une page bien précise où se trouve une sorte de carte.

— Là-bas, vous chercherez une église en ruine dans laquelle les bergers dorment souvent avec leurs moutons. Un sycomore y pousse. À son pied, vous creuserez pour y enterrer cette boîte scellée qu'il ne faudra jamais ouvrir.

Et d'ajouter, énigmatique :

— On ne choisit pas la voie, c'est la voie qui nous choisit.

Le vieil homme n'en dit pas plus et demande au libraire s'il accepte « l'échange ». Surpris d'une telle proposition, Flamel répond par l'affirmative d'un simple hochement de tête. Jacques s'éclipse aussitôt, allégé de son lourd paquetage.

Seul dans son échoppe, Flamel se plonge dans l'exploration des mystères du volumineux ouvrage. Cette énigmatique image en première page, l'enchevêtrement de son contenu lui font l'effet d'un labyrinthe.

Il approfondit ses recherches et y consacre toute son énergie, écumant les bibliothèques de Paris. Et son acharnement commence à porter ses fruits : à force de multiplier études et recoupements, il comprend qu'il a affaire à un domaine dont il ignore alors tout : l'alchimie. Les textes en arabes du livre lui permettent d'en retrouver l'étymologie : *al-kimiya*, qui signifie littéralement : « la chimie». Le terme *kimyia* viendrait lui-même de *khem*, «le pays noir», nom qui désignait l'Égypte dans l'Antiquité.

D'après ce que Flamel parvient à décrypter du grimoire, et que confirment ses recherches, le père de l'alchimie serait un certain Hermès Trismégiste, à qui sont attribués de nombreux écrits traitant de l'hermétisme, nom que l'on attribuait alors à la chimie.

Il découvre aussi que, si les alchimistes possèdent la formule de la pierre philosophale, substance capable de transformer des métaux vils en métaux précieux tels que l'or et l'argent, leur quête est avant tout un parcours initiatique de sagesse impliquant bien d'autres découvertes ésotériques.

*

Les années passent, et Nicolas Flamel n'a guère progressé au-delà de cette découverte. Pourtant, il souhaite ardemment, au-delà de percer simplement les secrets du grimoire, devenir lui-même alchimiste. Son obsession reste néanmoins inassouvie, et il finit par abandonner.

C'est lorsque le libraire épouse une veuve prénommée Pernelle que son espoir renaît. Loin de le détourner de sa vocation, elle l'encourage à reprendre ses recherches et l'étude de l'alchimie, et devient son meilleur soutien.

Sur les conseils de son épouse, Nicolas Flamel va quérir l'aide d'un vieil homme, un juif qu'elle connaît personnellement et qui vit non loin de son échoppe dans le Marais, quartier construit sur ce qui était autrefois une vaste zone marécageuse. Mais le vieil homme n'a que peu de connaissance sur le sujet, et recommande au libraire de se rendre avec son grimoire en Espagne, dans la province de Léon, où il devra demander l'aide d'un certain Maître Canches, médecin, alchimiste et adepte de la Kabbale, tradition ésotérique du judaïsme. Le savoir alchimique a été transmis à travers le temps et les civilisations, mais les cénacles juifs de la péninsule Ibérique sont maintenant, et de loin, les plus érudits en la matière. C'est en effet à travers les conquêtes arabo-musulmanes, durant lesquelles les connaissances ont circulé allègrement depuis le Moyen-Orient, comme de Bagdad, jusqu'au nord de l'Espagne, que l'alchimie a pu « voyager » depuis la Grèce antique. C'est ainsi que les textes ont été traduits du grec à l'arabe, de l'arabe à l'espagnol, et parfois même de l'arabe au latin.

Tout à sa quête spirituelle et dans l'espoir que cela lui sera bénéfique, Flamel se dit qu'il serait opportun de profiter de son voyage pour se rendre en pèlerinage à Santiago de Compostela, Saint-Jacques-de-Compostelle.

C'est alors que lui revient en mémoire la promesse faite à Jacques, qu'il n'a hélas jamais pu tenir.

Pour éviter d'emporter avec lui l'original du précieux ouvrage lors de son long périple probablement risqué, le libraire se lance dans une copie la plus fidèle possible.

Ce sera depuis le pied de la tour clocher de l'église qui fait face à son échoppe, que Nicolas Flamel se joindra à un groupe de pèlerins en partance pour Saint-Jacques-de-Compostelle. Il fait ses adieux à Pernelle et se lance ainsi dans un long périple initiatique qui durera plus de deux ans.

Après Compostelle, il se rend à Léon, non loin de là, où il parvient à retrouver, non sans mal, Maître Canches. Constatant que le livre de Flamel est une copie, le kabbaliste le prend pour un usurpateur et redouble de suspicion en apprenant que son propriétaire est lui-même copiste. Flamel explique alors à Canches que l'original se trouve en lieu sûr à Paris, auprès de son épouse. Intrigué et surtout conscient du trésor que représente cet ouvrage mythique, Maître Canches lui propose de l'accompagner à Paris afin de vérifier ses dires. À cette condition seulement, il acceptera de lui livrer les clés de lecture du Grand Œuvre, la réalisation de la pierre philosophale.

Flamel explique que, avant de retourner à Paris, il doit se rendre en Andalousie afin d'honorer une promesse. Canches offre alors d'être son guide : la région est en proie à des guerres permanentes entre Arabes et Espagnols, et la Reconquista en marche vers le sud semble inéluctable.

Un cousin du vieil homme, notable andalou, pourra les aider à voyager en toute sécurité.

Le périple des deux nouveaux partenaires se déroule finalement sans encombre, et arrivé à destination, c'est sans difficulté qu'ils trouvent l'église en ruine, tout comme l'unique sycomore du lieu, au pied duquel le libraire commence à creuser.

Canches, qui n'a jusqu'ici montré aucune curiosité quant à la finalité de ce détour, questionne Flamel sur la raison qui le pousse à enterrer cette boîte. Ce dernier reste silencieux, ne sachant lui-même pas pourquoi il doit l'enfouir et encore moins ce qu'elle contient. Fidèle à la demande de Jacques, il ne l'a jamais ouverte, bien qu'il l'ait conservée de longues années. Flamel est un homme de parole.

La promesse de Flamel honorée, les voyageurs entament la longue route du retour vers Paris. Ce n'est qu'une fois arrivé à Orléans que Maître Canches montre quelques signes de fatigue. Les deux hommes passent quelques jours sur place, mais l'état du vieil homme se détériore très vite. Sentant la mort arriver, il décide de révéler à son compagnon la clé de lecture d'une partie du grimoire ; elle sera suffisante pour faire de Nicolas Flamel un alchimiste accompli.

Après avoir fait inhumer Maître Canches, Flamel regagne enfin Paris. C'est un homme grisonnant, mais sage et illuminé d'un nouveau savoir qui retrouve son épouse.

Pernelle lui rapporte que des Anglais, soldats des armées qui ont participé aux combats que l'on connaîtra plus tard sous le nom de guerre de Cent Ans et qui s'achèvent à peine, ont dérobé le grimoire et l'ont probablement emporté outre-Manche.

Le vieux sage qu'est maintenant Flamel rassure Pernelle, expliquant que la copie qu'il en a réalisée sera suffisante pour parfaire sa formation.

C'est ainsi que Nicolas Flamel devient un grand alchimiste, et que, finançant des hôpitaux, des édifices religieux et de nombreuses œuvres de bienfaisance, il fait profiter de sa richesse le plus grand nombre.

ACTE II

Quelque quatre siècles plus tard, au cœur du quartier juif de Palerme, naît Joseph. Il y grandit dans la pauvreté, comme la plupart des habitants du ghetto.

Enfant, il aime s'asseoir avec les conteurs et écouter leurs légendes. Il est bercé de contes alchimiques, de récits ésotériques et d'histoires de voyage dans le temps.

Un jour, il entend parler d'un mystérieux livre qui donnerait la recette pour changer le plomb en or. Ce livre, ou plutôt ce grimoire, reconnaissable à sa couverture cuivrée et dont on lui fait une description précise, devient une obsession qui ne le quittera pas durant toute sa jeunesse.

Devenu adulte et indépendant, il décide de retrouver ce livre, sa recherche devient sa quête.

Mais explorer la Sicile ne suffit pas : il a interrogé tout le monde sur le sujet, et la récolte est maigre. On lui conseille de rejoindre les États pontificaux, où il pourrait peut-être trouver quelques réponses.

Il s'y rend et rapidement ses efforts s'avèrent fructueux. Il fait la connaissance d'un voyageur toscan, usé par ses périples à travers le monde, et dont l'âge avancé l'a maintenant contraint à une complète sédentarité. Joseph lui explique sa quête, et l'homme réagit immédiatement à son récit. Il lui raconte que, ici-même, à Rome, il a sympathisé avec un riche Anglais qui, rêvant de devenir alchimiste, dilapide sa fortune dans une étrange lubie : découvrir la pierre philosophale. Depuis une décennie, l'Anglais voyage à travers le monde, visite le plus de bibliothèques possible, et achète même toutes sortes d'ouvrages sur le sujet, se faisant escroquer à plusieurs reprises.

D'ailleurs, cet Anglais est parfaitement reconnaissable : il se déplace toujours avec sa petite bibliothèque ambulante.

Le voyageur toscan rapporte à Joseph que, un mois auparavant, l'homme était encore à Rome, mais que, du jour au lendemain, il était parti pour Tanger, d'où il voulait traverser le désert avec l'intention de rejoindre l'Égypte pour y rencontrer un alchimiste très particulier.

Joseph, enthousiaste, décide de se lancer aussitôt sur la trace de ce fameux Anglais.

Une fois arrivé à Tanger, le jeune Sicilien se rend au caravansérail, point de départ des caravanes marchandes, où il ne tarde pas à repérer l'homme qu'il recherche. Convaincu qu'il ne pourra que bénéficier de la quête de l'Anglais, Joseph décide de le suivre. Revêtu d'un costume local, il se fait passer pour sourd et muet afin de limiter les échanges et passer inaperçu.

Quelques jours passent, la caravane quitte enfin Tanger. Au fil des jours, Joseph, ou plutôt Youssef, comme il fait comprendre s'appeler, remarque que l'Anglais discute souvent avec un jeune berger espagnol qui se rend, dit-il, près du Caire, sur le plateau de Gizeh, où s'élèvent des constructions monumentales et mystérieuses que l'on appelle pyramides. Le jeune berger est le seul membre de la caravane à avoir accès à la bibliothèque de l'Anglais, contenue dans deux coffres transportés par un chameau.

La caravane poursuit sa longue route en direction du Levant, et fini par arriver à l'oasis du Fayoum, où elle doit faire étape sans qu'il soit possible de savoir quand elle pourra en repartir. En effet, une guerre entre tribus nomades fait rage dans la région, et il serait suicidaire de s'aventurer plus loin.

Lors de cette longue escale, Youssef ne peut résister à sa curiosité et décide, alors que l'Anglais a quitté l'oasis depuis plusieurs jours en y laissant sa tente, d'aller fouiller dans la bibliothèque pour découvrir si le manuscrit s'y trouve. Si ce n'était pas le cas, alors il ferait fausse route. Il doit savoir. Il explore le premier coffre, en vain. Alors qu'il ouvre le second, il est ébloui par les reflets d'une couverture cuivrée. C'est son livre : tout concorde avec la description, il est formel.

Youssef se dit alors que, à force d'acheter des ouvrages aussi insolites les uns que les autres, l'Anglais est tombé sur le grimoire des grimoires sans même s'en rendre compte. Il referme le coffre, l'esprit déjà occupé à imaginer comment entrer en possession du précieux ouvrage.

Au retour de l'Anglais, Youssef apprend par les rumeurs qui parcourent la caravane que ce dernier a enfin trouvé l'alchimiste qu'il rêvait de rencontrer.

Depuis, il s'agite en tous sens et prononce des dizaines de fois par jour une phrase mystérieuse : « Fais et tu sauras ! ». Il a construit un petit four à côté de sa tente… Serait-ce pour tenter de transformer le plomb en or ? Rien n'y fait. Santiago, le jeune berger espagnol, n'est quant à lui pas revenu. Il serait resté avec l'alchimiste.

Les jours passent, les semaines, et même les mois. Jours après jours, l'Anglais s'acharne sur son four. Il devient fou, puis du jour au lendemain, disparaît en laissant toutes ses affaires dans sa tente. Chacun émet des hypothèses : il se serait fait kidnapper, serait rentré en Europe, serait mort… Personne n'en sait rien. Les biens laissés à l'abandon risquant fortement d'être pillés,

Youssef ne peut se résoudre à laisser le grimoire dans son coffre, et s'en empare. Sa quête est accomplie.

Alors qu'il serre le précieux livre contre lui, Youssef sent comme une présence dans son dos. Il se retourne et se trouve face à un vieil homme qu'il n'a encore jamais vu. Mais Youssef sent que le vieillard n'est pas là par hasard. Il lui tend l'ouvrage, l'homme ne fait pas un geste. L'étrange face-à-face dure un instant. Voyant les bras de Youssef trembler sous le poids du livre, le vieillard lève enfin la main droite, puis la gauche, et saisit fermement le grimoire pour l'ouvrir à une page bien précise.

Il s'adresse alors à Youssef, lui désignant une carte :

— Là-bas, tu chercheras une église en ruine dans laquelle les bergers dorment souvent avec leurs moutons. À côté de l'église se trouve un sycomore. Tu dois demander à la jeune femme appelée Fatima de t'accompagner. Une fois au pied du sycomore, vous y attendrez patiemment.

Sur ces mots, l'homme tourne le dos à Youssef et s'éloigne dans le désert, aussi brusquement qu'il était apparu.

Fatima est une jeune fille vivant dans l'oasis avec laquelle l'Anglais et le jeune berger espagnol discutaient souvent. Youssef ne sait pas comment l'aborder : tout le monde le pense sourd et muet ! Comment lui demander de le suivre ?

Il prend son courage à deux mains, trouve Fatima, fait entendre sa voix et lui demande sans autres explications si elle accepterait de l'accompagner en Espagne. D'abord interloquée, la jeune fille reste quelques instants muette avant de bombarder Youssef de questions, bouche bée à son tour : il ne sait que dire car il ne sait lui-même pas par où commencer ! Ayant retrouvé sa voix, il lui raconte son périple et sa rencontre avec celui qui ne peut être que l'alchimiste que recherchait l'Anglais. Lorsqu'il évoque l'Andalousie, Fatima y voit un signe… Pendant les longues semaines d'immobilisation de la caravane, la jeune femme et le berger espagnol sont tombés amoureux l'un de l'autre. Mais le jeune homme n'est pas revenu, et elle se languit de lui. Elle décide donc de suivre Youssef et son cœur dans l'espoir de retrouver l'homme qu'elle aime.

La nuit suivante, Youssef et Fatima quittent l'oasis. Avec l'aide d'un guide, ils rejoignent Tanger, d'où ils embarquent pour la péninsule Ibérique et l'Andalousie.

Au terme de longues semaines, ils trouvent l'église en ruine et son sycomore, au pied duquel ils s'installent.

Une première journée passe. Rien ni personne ne se manifeste. Ils reviennent le lendemain, rien ne se passe non plus, ni même le surlendemain. Les jours... les semaines défilent. Youssef et Fatima reviennent chaque matin au pied du sycomore et attendent. Et attendent… et attendent.

Un matin, en arrivant, ils aperçoivent de loin et de dos un homme accroupi au pied du sycomore. Devant lui ils distinguent une boîte qu'il vient de déterrer.

Youssef et Fatima s'approchent. C'est le jeune berger ! Fatima s'arrête brusquement. Elle aussi l'a reconnu. L'homme se retourne, ouvre grands les bras et la jeune femme s'y précipite.

Fatima plonge son regard dans celui de Santiago. Avec pudeur, Youssef s'éloigne et les laisse un temps à leurs retrouvailles.

Fatima raconte toute l'histoire à Santiago : la disparition de l'Anglais, l'apparition de l'alchimiste, la demande de Youssef… Santiago se retourne alors vers la boîte scellée au pied du sycomore, sachant maintenant ce qui lui reste à faire. Entouré de Youssef et de Fatima, il en fait sauter le sceau au moyen de la lame dc son couteau. Il soulève lentement le couvercle sous le regard attentif de ses deux compagnons. En découvrant son contenu, Youssef a le souffle coupé, et Santiago est pris d'un fou rire incontrôlé.

— Mais… mais… c'est ? bégaye Youssef.

Santiago acquiesce d'un geste de la tête.

Un chapitre de leur vie s'achève.

Et pour Youssef, un nouveau s'ouvre. Il le conduit jusqu'à Paris, où il se fait connaître sous l'identité de Joseph Balsamo, *alias* comte de Cagliostro, aventurier sicilien se disant mage et thaumaturge. Installé dans le quartier du Marais, il y prospère d'abord, adulé par la bonne société avant d'être condamné par l'Église. Embastillé puis expulsé, il parcourt l'Europe mais sera arrêté en Italie par la Sainte Inquisition qui le condamne pour hérésie.

Et c'est emmuré dans une cellule obscure que finira ses jours le comte de Cagliostro.

Le monde de l'Âme

Une terre noire recouvre l'immensité. Où que le regard se porte, la puissance du noir envahit tout.

Joseph marche sans repère, sans pensées, sans personne, perdu. Une brume épaisse maintient son enveloppe corporelle et son esprit dans le clair-obscur.

Alors ce serait ça, les ténèbres ?

Soudainement, de multiples scintillements tournent autour de lui. Des étoiles ? Des diamants ?

Joseph les observe avec émerveillement se déposer sur ses mains tendues vers le ciel qui n'en est pas un. Des pétales d'or…

— La lucidité est un risque à prendre, n'est-ce pas, Joseph ?

Il est là, devant lui, si petit. Un jeune garçon lui fait face. Bien que ses habits révèlent une pauvreté certaine, il a l'air épanoui, espiègle et malicieux. Sa voix porte les mélodies de la Sicile. Il s'exprime avec assurance. Surpris, Joseph est perplexe.

— Qui es-tu ? Quel est cet endroit ? Comment suis-je arrivé ici ?

— Tant de questions… Tu peux me nommer Morphée, si le cœur t'en dit.

— Morphée ?

— Oui. Maintenant que tu m'as nommé, dis-moi, quelle est ta demande, Joseph ?

— Ma demande ?

— Oui, de quoi as-tu besoin ? Toi qui fus en quête de réponses dans ta vie, j'imagine qu'ici tu es assailli par les questions, n'est-ce pas ?

— C'est vrai. J'ai été celui qui cherche et qui cherche encore. J'ai aussi connu une grande pauvreté, tout comme toi, semble-t-il.

— Il te semble, en effet. C'est un faux-semblant. Je suis aussi riche intérieurement que toi. Mes habits ne révèlent pas ce que je suis.

— Oui, j'ai finalement accepté ma vie. Sans doute est-ce là ma richesse.

— En effet. Tu as fait preuve d'une volonté et d'une capacité à accepter ton rôle quelles qu'en soient les facettes. Tu as su être responsable. Tu as également su contrôler tes émotions et tes désirs. En es-tu conscient ?

— Je pense.

— Tu penses ? Y crois-tu ? Les pensées prennent-elles le dessus sur ta foi, Joseph ?

— Je ne sais plus…

— As-tu déjà fait l'expérience du silence entre deux pensées ?

— Oui, je connais cet état.

— Alors sache qu'un jour tu expérimenteras l'expérience d'une pensée entre deux silences.

Et le silence se fait.

Et le noir devient absolu.

[Silence]

Et dans le noir absolu, le scintillement des pétales d'or, tombant du ciel qui n'en est pas un, reprend.

— Souviens-toi, Joseph : chaque situation n'est que le reflet de ton degré de sommeil. Regarde devant toi à présent.

Et de la terre noire émergent deux imposants rochers.

— Sache Joseph, que j'ai écrit la vérité sur un parchemin, le parchemin de la Montagne Sacré, et je l'ai placé sous l'un de ces rochers.

— La vérité…

— Oui. Cette vérité que tu recherches. Elle est là, sous l'un d'eux. J'ai une question pour toi. Regarde bien ces deux rochers.

Joseph observe attentivement chaque rocher, rien ne les distingue l'un de l'autre.

— Voici ma question : sous lequel des deux rochers préfères-tu que la vérité soit ?

— Lequel ? Je n'ai aucun intérêt pour ces rochers, pourquoi en préférer un plus que l'autre tant que la vérité est en dessous ?

— Cela n'a donc pas d'importance pour toi ?

— Non. Tout ce que je souhaite, c'est trouver le parchemin qui contient la vérité.

— Exact. Seul cela compte pour toi. Tu cherches la vérité, peu importe le rocher, qu'il soit doux et poli ou rude et blessant. Ni l'un ni l'autre n'est bien ou mal, bon ou mauvais. Il est. Ainsi ton chemin peut être doux et poli, ou rude et blessant. Ainsi, la vie est autant dans la lumière du regard d'un enfant que dans la noirceur des échafauds. L'important, c'est ce que tu recherches. Tu dois expérimenter pour trouver. Ces rochers sont juste des pierres derrière lesquelles tu te découvriras. Quoi qu'il arrive, tu passes par des expériences variées et tu apprends. Ainsi, tu as fait de l'alchimie une quête à laquelle tu as toujours cru. Rien n'est bon ou mauvais, tout est dans l'enseignement que tu tires de l'expérience.

— J'ai tellement attendu ce moment.

— Tu étais inquiet ?

— Oui, j'ai cru que l'attente n'aurait pas de fin, que je ne saurais jamais. Je me suis tu si longtemps, je passais pour muet, je ne pouvais plus communiquer par la parole. Tout cela était tellement long pour moi. Je me souviens maintenant…

— Oui Joseph ? Tu te souviens ? Que s'est-il passé ? Qu'as-tu ressenti ?

— Je me souviens que, lorsque le désespoir m'entraînait dans les abîmes, j'étais contracté, tendu, paralysé dans l'analyse…

— Tu te sentais séparé, blessé, n'est-ce pas ?

— Oui…

— Qu'as-tu ressenti alors ?

— Parfois, j'étais désemparé. Je viens de comprendre que j'ai maudit cette attente alors que seule l'expérience était capitale, quelle qu'elle soit. Être muet m'a appris l'art d'écouter le silence dont j'ignorais tout au préalable.

Morphée se rapproche alors de Joseph.

— Je t'invite à t'asseoir et à respirer calmement, Joseph.

Joseph s'adosse à l'un des rochers et ferme les yeux. Il inspire et expire calmement, tranquillement, lentement. Morphée reprend :

— Te rappelles-tu lorsque tu étais Tashiro ? Te rappelles-tu ce samouraï, celui qui avait accueilli Yōchō ?

— Oh oui… Quel calme en lui…

— Oui, cet homme a accueilli la situation. Il est resté centré, ouvert aux possibilités, alerte, hospitalier. Il a accueilli tout ce qui se présentait à lui. Il était la bonne personne, au bon endroit, au bon moment. Ainsi, comprends-tu que l'important, c'est ton regard et non pas ce que tu regardes ?

— Oui, je l'ai compris. Lorsque j'ai cherché la vérité, j'ai réuni les connaissances selon mes expériences. J'ai relativisé mes opinions et mes croyances…

— Tout comme l'alchimiste évapore le liquide et calcine le solide pour isoler la matière et mieux la comprendre.

— Oui…

— Alors, quelle est ta demande à présent, Joseph ?

— J'aimerais savoir comment transmettre un jour ce que j'ai appris, transmettre que le noir n'est que la couleur d'un certain temps, que nous sommes tous alchimistes, artisans, que nous sommes aussi la pierre philosophale…

— Et quoi d'autre, Joseph ?

— Que nous avons à nous débarrasser des différentes couches, des lourdeurs, des parties les plus grossières pour épurer, affiner, soigner, polir, nous affranchir afin de transformer ce qui nous plombe en or, en lumière.

— Oui, car ce n'est qu'à cette condition que l'être aura effleuré, touché le Grand Œuvre, la réalisation de ta pierre philosophale. Lorsque tu étais aux prises avec ton désespoir, tu étais influencé par l'ombre.

— L'ombre… Oui, je commence à m'en souvenir. Une ombre est posée comme un cadre autour d'un miroir. Elle se décline en cultures, en régions, en religions aussi… D'ailleurs, quelle est ta religion, Morphée ?

— Ma religion est celle de tous les sentiers qui mènent à la lumière.

— Je commence à me rappeler…

Toutes les religions sont un substrat de l'inconscient collectif, un ensemble des blessures non résolues par l'humanité, un ensemble de peurs, de dogmes. Imagine qu'une ombre soit posée dans toutes les dimensions terrestres. C'est une forme, un moule ou une empreinte, si tu préfères ces termes. Les humains vivent dans l'ombre tout en ayant conscience qu'il y a autre chose, puisque tous sont des Âmes sur Terre.

— Je comprends, oui. L'ombre teinte le monde.

— Voilà, l'ombre n'a dc réalité que dans celle que tu souhaites lui donner. Le voyage, c'est de voir au-delà de cette ombre, d'avoir pleinement conscience d'autre chose. Ceux qui ne le font pas en restent là, nous n'avons pas à les juger. Ils sont ceux qu'ils sont, à ce moment-là, sous cette forme-là, dans ce lieu et cette époque-là. Joseph, tu sais maintenant qu'il existe une petite ouverture dans cette ombre, une faille qu'il faut creuser. Cette faille est la spiritualité, quelque chose de grand, quelque chose d'infini qui a toujours régi les phénomènes que nous avons choisi d'explorer en tant qu'humain.

À ces mots, l'obscurité qui entourait Joseph se fait lumière. Il est au centre d'un diamant dont les facettes sont magnifiquement polies. Le petit garçon lui fait toujours face, assis avec lui au cœur du diamant.

— Tu vois, Joseph, le diamant, l'or, qu'importe ! Tout cela est un miroir et non un but. Le moyen d'obtenir cet état cristallin, lui, est la clé de voûte sur laquelle repose la quête humaine et céleste à la fois. C'est le point culminant, le point de non-retour qui te fait parvenir à l'ascension et t'empêche de vivre toute régression. Est-ce cela que tu souhaites transmettre ?

— Oui, ce serait un honneur.

— Pourquoi veux-tu le faire Joseph ?

— Parce qu'alors tout devient simple, tout n'est qu'Amour, c'est ce que je veux transmettre.

— Alors puisque tu as cette intention, tu en auras l'occasion, sois-en assuré.

— Comment transmettre à mon tour le moyen d'atteindre cet état ?

— En enseignant le parcours et ses étapes. La façon d'être immobile, aligné, silencieux. Car l'Amour est dans l'immobilité. Ce sont les émotions qui sont dans l'action. Tu montreras comment se laisser porter par ce que l'on fait et ce que l'on est, même si cela demande beaucoup de travail. Certains se décourageront, d'autres non. Et aucun ne sera meilleur que l'autre, car tout choix est celui qui a à être à ce moment-là, dans cet espace-là, sous cette forme-là. Être immobile dans un monde chaotique n'est pas toujours aisé… Tu enseigneras à chacun de ne rien chercher. Si l'on ne cherche rien, on peut alors tout obtenir. En portant son attention sur une seule quête, on ne peut voir le reste. Ainsi tu transmettras la cohabitation pacifique des contraires. Et chacun de ceux à qui tu enseigneras sera invité à accueillir ses pensées, quelles qu'elles soient, afin de communier avec elle.

— Ne crains-tu pas que certains comprennent mal le message et se mettent à chercher la perfection ?

— Non, je ne le crains pas. Et si cela est le cas, tu expliqueras que dans cette pratique, nous avons tous à accepter le fait que nous allons aussi commettre des erreurs. Elles font partie de tout ce que nous sommes, de tout ce que je suis. Elles font partie du processus. Les erreurs, les blessures héritées de nos ancêtres donnent une teinte à notre Âme, et c'est à nous de choisir le cercle chromatique de nos couleurs pour avancer dans la vie. C'est ce que tu enseigneras. Et retiens bien une chose : il ne s'agit pas de transmettre ton propre chemin, mais de permettre à chacun de trouver le sien.

— Oui, je me souviens maintenant. Quand je t'écoute, j'ai la sensation que je l'ai toujours su, au fond de moi.

— Ainsi, dans les ténèbres, chacun découvrira en soi l'invincible lumière.

Des frissons parcourent alors tout le corps de Joseph, le plongeant dans une torpeur exquise et absolue. Et dans un souffle, au moment où le sommeil l'emporte, il entend :

« Ô Âme, durant ton rêve éveillé, ne te rendors pas ! »

Blanc

ACTE I

« Deus ex machina. »

L'effroyable marche de la nature, le cataclysmique dessein des éléments, l'harmonie destructrice de l'océan, la symphonie du déluge, si soudain, si impétueux, si frénétique que rien ni personne ne peut être sauvé d'un tel déchaînement funeste, pas une âme, pas un corps, pas un esprit, pas même la matière.

C'est un continent qui s'effondre. L'océan monte, le raz-de-marée fauche, l'éruption volcanique aveugle et étouffe, le tremblement de la terre enfouit.

En un jour et une nuit, l'île disparaît ! Elle s'abîme dans les abysses. Elle disparaît dans les flots, ne laissant pas la moindre trace. Elle sombre dans l'oubli le plus étourdissant, comme happée par le noyau terrestre, comme avalée par un trou noir dans l'espace et avec seule destinée le règne du Vantablack, le noir absolu sans une once de lumière.

ACTE II

Atlas est un jeune homme de seize ans tout juste affranchi par son propriétaire, Platon.

Au Ve siècle av. J.-C., trois classes sociales forment la société athénienne. Au sommet de la pyramide, on trouve les citoyens, qui ont des droits – prendre part à la vie politique et posséder des terres – et des devoirs – suivre une formation militaire, participer à la défense d'Athènes et prendre part aux guerres. Ensuite viennent les métèques, qui sont des hommes libres. Principalement immigrants, ils sont souvent appelés « étrangers » ; ils peuvent travailler mais ne peuvent pas posséder de terre. Souvent commerçant et artisans, ils doivent accomplir un service militaire et s'acquitter d'un impôt spécifique. Les esclaves, eux, sont considérés comme des objets et ils appartiennent à un maître à qui ils doivent obéir. Quant aux femmes, elles appartiennent à la classe sociale de leur mari, et considérée toute leur vie comme des mineures sous la responsabilité d'un homme : leur père puis leur mari.

Atlas a appris à lire et à compter par la simple observation. Le rare temps libre dont il dispose est consacré à parfaire son éducation. De nature curieuse, Atlas pose sans cesse des questions perspicaces et échange avec tout un chacun. Aucune intention ne nourrit son envie, il ne peut même pas imaginer que ses connaissances puissent un jour le sortir de son statut d'esclave. Il n'est animé que par la quête du savoir. C'est tout ce qui lui importe.

Cette vivacité d'esprit, Platon l'a constatée dés qu'il a fait l'acquisition de l'orphelin, dont le père était probablement métèque, bien qu'on ne connaisse rien des géniteurs du garçon.

Un jour, lors de l'une des joutes philosophiques au cours desquelles s'affrontent Platon et son maître en philosophie, Socrate, ce dernier fait remarquer à son disciple les qualités d'Atlas, et lui suggère qu'un tel talent ne pourra exprimer sa quintessence qu'en étant affranchi de sa condition d'esclave. Le disciple de Socrate feint l'indifférence, et refuse d'aborder le sujet.

Mais un drame va faire basculer le destin d'Atlas, tout comme celui de Platon. Par un matin tout à fait ordinaire de l'année 399 av. J.-C., Platon et Atlas apprennent que Socrate est, au terme d'un procès inique, condamné à mort. On lui reproche de corrompre la jeunesse athénienne et de contester l'ordre divin établi.

Révolté, indigné, profondément attristé par l'exécution de Socrate, Platon quitte Athènes et se retire à Mégare afin de s'éloigner de l'obscurantisme de ceux qui ont condamné son maître. De ce malheur germe l'idée que seule l'éducation, le savoir, la sagesse peuvent éclairer la pensée et la faire progresser. Aussi décide-t-il de créer une école.

Mais avant cela il doit parfaire ses propres connaissances. Il se lance alors dans un long voyage initiatique qui durera plusieurs années et qui le conduira à la rencontre des plus grands esprits de son temps.

ACTE III

Depuis la mort de Socrate, Platon sait qu'un diamant brut ne peut être poli qu'une fois exhumé du manteau terrestre et débarrassé de sa gangue. C'est donc en homme libre et devenu son disciple qu'Atlas accompagne Platon dans un périple qui les mènera en Lybie, en Égypte, en Asie et en Italie du Sud… La spontanéité, l'insouciance et le sens de l'humour du jeune homme en font un compagnon idéal.

Les deux hommes se rendent à Cyrène en Libye, où Platon souhaite y parfaire ses connaissances en mathématiques, puis en Égypte, lieu de l'érudition par excellence.

Ils passeront par Héliopolis, Memphis et Thèbes, mais c'est à Saïs que les deux voyageurs vont s'établir le plus longtemps. Si Platon choisit cette ville, c'est en raison des récits de son grand-père, qui évoquait souvent l'histoire de Solon d'Athènes, législateur et poète aujourd'hui considéré comme l'un des Sept Sages de la Grèce antique.

Un épisode en particulier a marqué l'enfant que Platon était alors, et qu'il n'a depuis jamais oublié.

*

Au VIIe siècle av. J.-C., les Athéniens considéraient que le centre de tous les savoirs se trouvait en Égypte. Solon avait décidé de s'y rendre, en quête de connaissances sur des civilisations anciennes et lointaines. C'était alors Ahmôsis II qui y régnait. Connu pour son amour des arts et des sciences, le pharaon avait déjà reçu Thalès et Pythagore. Lorsque Solon se présenta à lui et lui présenta sa requête, le pharaon encouragea le poète à rencontrer les grands prêtes de Saïs. Quand ces derniers reçurent Solon dans leur temple, ils lui révélèrent que tous les savoirs du passé étaient gravés en hiéroglyphes sur les murs d'une salle située sous l'édifice, la salle des Ancêtres.

Solon n'était pas à même de déchiffrer l'écriture figurative des Égyptiens, mais entrevit des idéogrammes évoquant un anéantissement par les eaux… Un des prêtres qui accompagnaient Solon se lança alors dans l'explication du récit qui se déployait sur les murs en commençant par ces mots :

— L'histoire officielle nous dit ainsi… Il y a bien longtemps, si longtemps que personne ne sait précisément quand, d'aucuns parlent de sept millénaires avant l'établissement de notre première dynastie pharaonique, il y a plus de neuf mille ans…

Le prêtre poursuivit en relatant qu'à ce moment-là, il existait, au-delà des colonnes d'Hercule – montagnes qui bordaient un détroit que l'on connut plus tard sous le nom de Gibraltar –, une civilisation particulièrement évoluée et raffinée, dirigée par des rois puissants et visionnaires, où tout n'était qu'abondance, richesses spirituelles et matérielles. Son climat idéal, ses terres fertiles et ses ressources naturelles lui avaient permis de prospérer dans une totale autosuffisance. Cette civilisation s'épanouit sur un continent alors inconnu, dont les prêtres rapportaient qu'il était grand comme l'Égypte, la Grèce et la Libye réunies. Elle maîtrisait des techniques révolutionnaires, ses bâtiments étaient recouverts de toutes les nuances du blanc, sur lequel les rayons du soleil se réfléchissaient en créant une lumière d'une pureté inégalée.

Le premier roi de cette civilisation s'appelait Atlas, fils de Poséidon, qui maîtrisait les secrets des océans et pouvait provoquer des tremblements de terre par sa simple pensée. Atlas donna son nom à l'île continent où s'épanouissait cette civilisation, Atlantis, et à ses habitants, les Atlantes.

Solon était fasciné par ce qu'il entendait. S'interrogeant sur ce qu'il avait pu deviner en parcourant les hiéroglyphes qui recouvraient les murs, l'engloutissement, il questionna le prêtre au sujet de la disparition de cette civilisation pourtant si avancée. Ce dernier expliqua alors que, ayant eu des velléités de conquêtes extérieures, le matérialisme et la corruption rongèrent peu à peu Atlantis. Les Atlantes ayant perdu leurs valeurs et amorcé leur déclin, Zeus – leur ancêtre – abattit sa divine colère sur ce peuple et tout ce qu'il avait bâti.

Solon, interloqué, se souvint alors que le prêtre avait commencé son récit par « l'histoire officielle nous dit ainsi… ». Aussi ne manqua-t-il pas de poser cette question rhétorique :

— Prêtre, vous évoquez l'histoire officielle, c'est donc qu'il existe une histoire officieuse ?

Le prêtre répondit évasivement qu'il ne fallait donner à l'humanité que ce qu'elle était à même de recevoir. Il ajouta que chaque histoire était reçue par des oreilles, des esprits et des cœurs soumis à l'expérience propre à chaque être, à chaque vécu. Pour le prêtre, occulter ainsi une partie de la vérité à Solon était un acte de bienveillance : divulguer la vérité aurait été trop risqué. Le poète, convaincu qu'il n'en saurait pas plus, s'en était retourné en Grèce.

ACTE IV

C'est donc nourris de l'histoire officielle que Platon et Atlas arrivent à Saïs. Si Solon avait bien rapporté le récit à quelques disciples grecs, ils n'étaient que très peu parmi ceux à qui il a été transmis à savoir qu'il y avait certainement plus de choses à comprendre sur les Atlantes, et Platon en fait partie.

Les deux voyageurs suivent donc les traces du poète avec la ferme intention d'explorer le sujet plus avant.

À ce stade de sa vie, Platon réfléchit déjà à rédiger un ouvrage sur cette histoire. Il pense même à une trilogie, peut-être sous la forme de dialogues, une méthode chère à son regretté maître, Socrate.

Une dialectique qui permet aux opinions et aux idées de s'entrechoquer, se mélanger, se combattre, les objections des uns et des autres étayant la thèse initiale.

Quand Platon et Atlas obtiennent la possibilité de rencontrer le grand prêtre du temple de Saïs, ils lui demandent exactement ce qu'avait demandé Solon à son prédécesseur, et le rituel se répète. Ils visitent la salle des Ancêtres sous le temple, et l'histoire du continent perdu leur est relatée de la même façon qu'elle le fut à Solon, au mot près.

Atlas, que son visage juvénile rattache encore au monde de l'adolescence, se lance alors dans un commentaire aussi inattendu que téméraire, dénué de toute approche diplomatique et probablement inspiré par l'élan de liberté que lui confère son nouveau statut. Il affirme que cette histoire est une construction destinée à ménager les autorités, ici et là, et que la sagesse se trouve plus dans la recherche de la vérité que dans la crainte du danger et des conséquences d'avoir à le révéler.

Le prêtre, manifestant sa condescendance à l'égard de l'audacieux jeune homme, l'ignore délibérément et choisis de répondre à Platon. Rien de ce qui fut confié à Solon n'était fondamentalement faux, mais était suffisamment parcellaire pour donner libre cours à différentes interprétations. Il ajoute que l'histoire du continent disparu est entièrement consignée depuis des millénaires dans des papyrus secrets, auxquels seuls quelques initiés ont accès, et qui contiennent également une partie du savoir atlante, dont ses techniques agricoles et architecturales.

Platon tente d'argumenter avec le prêtre, exprimant que, selon lui, l'humanité est maintenant prête à recevoir les enseignements de cette civilisation ancienne et avancée, qu'elle saura sûrement tirer profit de leurs forces mais aussi des erreurs commises. Il suggère de révéler lui-même l'histoire des Atlantes à travers une trilogie : dans les deux premiers ouvrages serait évoquée l'histoire telle qu'elle a été transmise à Solon, puis un troisième opus révélerait, à travers des dialogues entre des personnages réels et fictifs, le contenu des papyrus secrets de l'Atlantide.

Séduit par la démarche de Platon, le prêtre s'engage à réunir un conseil de sages pour la lui présenter, et à ce que la décision finale soit prise par le pharaon lui-même. Il invite Atlas et Platon à se représenter d'ici quelques semaines.

Alors que les deux voyageurs attendent, les désordres de l'histoire viennent donner une nouvelle tournure à leur périple. L'Égypte est en effet à l'époque l'objet d'attaques incessantes des Perses. Malgré la résistance égyptienne, le pharaon craint que des papyrus parmi les plus précieux, cachés sous le sphinx qui garde le plateau de Gizeh, ne tombent entre les mains des Perses. Il convoque alors Platon et Atlas, et accède à leur requête de révéler la véritable histoire d'Atlantis contenue dans les papyrus qu'il leur confie, les protégeant ainsi de l'usage néfaste que pourraient en faire les envahisseurs.

Une autre raison a également motivé sa décision : la nuit précédente, il a fait un songe au cours duquel le dieu Toth lui est apparu. Rêvait-il ? Était-il éveillé ? Peu importe… Thot lui a annoncé qu'un esclave affranchi accompagné de son maître grec se présenteraient à lui avec pour seules intentions la sagesse, l'amour et la vérité.

Honoré par la confiance du pharaon, Platon s'engage à lui rendre les papyrus lors d'un futur voyage dès lors que la région sera pacifiée.

ACTE V

De retour à Athènes, Platon y fonde son Académie. Elle sera la première école dans laquelle il dispense ses enseignements, mais s'entoure aussi de nombreux philosophes, mathématiciens et astronomes. Toutes les connaissances qu'il a pu acquérir lors de ses voyages avec son disciple vont désormais pouvoir ruisseler sur la jeunesse grecque, toutefois triée sur le volet. Parmi elle se trouve un jeune élève doué qui y enseignera à son tour quelques années plus tard, un certain Aristote.

Platon et son disciple Atlas travaillent sans relâche à l'étude des papyrus secrets des Atlantes. Atlas a appris parfaitement le langage hiéroglyphique, ses idéogrammes et ses phonogrammes. Sa rapidité n'a guère surpris son maître, aussi il sera leur principal traducteur. C'est une tâche de longue haleine tant le contenu est riche, dense, et semble parfois même codé. Les deux hommes vont de surprise en surprise, doutant parfois même de la véracité ou de la dimension allégorique, voire fictive de ce qui y est relaté.

Atlas et Platon constatent que les deux versions, l'officielle et l'officieuse, concordent sur un point : en un jour et une nuit, le continent atlante est englouti. Mais dans la version rapportée par Solon, rien ni personne n'est épargné par la colère de Zeus, alors que, dans le récit du papyrus secret, un personnage survit : Hermès. Il sera le seul et unique rescapé de la fin cataclysmique. Atlas traduit à son maître le périple d'Hermès, qui, dans une embarcation, dérive vers l'est et se retrouve en Égypte.

Là, les hommes sont encore essentiellement des chasseurs-cueilleurs. Quand ils voient arriver Hermès, un géant de cinq mètres de haut alors que la plupart d'entre eux ne dépasse pas un mètre cinquante, ils nomment cet étrange personnage « trois fois plus grand », Trismégiste.

Hermès leur enseigne l'agriculture, maîtrisée depuis bien longtemps par les Atlantes. Il leur transmet des techniques de construction et des outils, mais partage aussi avec eux une dimension spirituelle et une sagesse auxquelles ces hommes n'avaient pas encore eu accès.

Hermès semble immortel et voit défiler plusieurs générations, qui progressent et évoluent, profitant de l'utilisation des techniques qui leur a transmises, comme la maîtrise des eaux du Nil pour irriguer leur culture.

Trois cents ans plus tard, les agriculteurs l'appellent Toth, en font un personnage sacré, un dieu.

Hermès n'y est pas favorable, arguant que le message est plus important que le messager. Mais les Égyptiens créent une classe de prêtre, commencent à bâtir des temples, à développer les rites funéraires.

Considérant que ce peuple dispose désormais de tout ce dont il a besoin pour fonder une grande civilisation qui perdurera des siècles et des siècles, et que sa mission est terminée, Hermès quitte l'Égypte. Il a transmis tout ce qui devait l'être aux prêtres, qui transmettront à leur tour, de générations en générations, les secrets des Atlantes.

ACTES VI

Au cours de son travail de traduction, Atlas constate qu'un court papyrus, isolé, semble traiter d'un autre exode, précédent celui d'Hermès.

Le texte relate que certains des grands sages atlantes, dont faisait partie Hermès, avaient dénoncé la décadence inéluctable de leur civilisation. D'aucuns proposaient ainsi de constituer ailleurs une colonie basée sur les valeurs morales originelles du peuple de l'Atlantide. Hermès y était opposé, considérant que si les Atlantes prenaient conscience de leur déclin, ils pourraient revenir à l'essence de leurs valeurs. Pourtant, quelques familles étaient parties vers l'ouest, et vers l'inconnu, gageant qu'un continent vierge et plein de ressources s'offrirait à eux, une terre promise qui leur permettrait un renouveau.

Au terme de son étude, Atlas transmet à Platon la traduction d'un papyrus intitulé *Papyrus de la Montagne sacrée*. Subjugué, Platon ne peut que reconnaître la proximité entre la philosophie atlante et l'enseignement de son maître Socrate.

Les réponses sont enfin là. Le constat les laisse sans voix.

Maintenant que les papyrus ont révélé tous leurs précieux secrets, ils peuvent se lancer dans l'écriture de la trilogie. Platon écrit les deux premiers volumes, *Timée* et *Critias*, consacrés à la version qui a prévalue depuis Solon. Le troisième volume, *Hermocrate*, retranscrira le contenu des papyrus.

ACTE VII

Plusieurs décennies ont passé, la trilogie est achevée, Platon est maintenant un vieil homme.

Le *Timée* est rendu public à Athènes. Son succès est immédiat. Le concept, la narration, l'exigence philosophique, tout est révolutionnaire. Les érudits se l'arrachent, le peuple s'y intéresse alors même que la plupart des Athéniens sont illettrés. Le deuxième volume est attendu avec impatience.

Pourtant, l'élite dirigeante athénienne voit l'ouvrage d'un mauvaise œil. Si elle ferme les yeux pour le *Timée*, un procès par anticipation est intenté en amont de la diffusion du *Critias*. Platon est sommé de soumettre son texte à un comité de censure.

Ne sachant que trop bien comment Socrate s'est vu condamné à mort, le vieux philosophe obtempère. Après une lecture attentive, il est demandé à Platon de supprimer plusieurs parties considérées comme subversives et allant à l'encontre des intérêts de la cité, de ses dieux et de la jeunesse.

Platon s'exécute, et c'est une version du *Critias* altérée et vidée de sa substance qui est diffusée, lui donnant le caractère d'une œuvre inachevée.

Devant l'hostilité du comité de censure, Platon et Atlas décident de dissimuler le dernier opus, l'*Hermocrate*. Impossible, après le sort subit par le *Critias*, que cet ouvrage encore plus subversif ne provoque pas de conséquences dramatiques.

*

Un jour de 348 av. J.-C. Platon, épuisé, demande à Atlas de se rendre en Égypte pour rendre les papyrus et y cacher l'*Hermocrate*. Le lendemain, le philosophe, âgé de quatre-vingts ans, s'éteint, laissant en héritage au monde une œuvre monumentale.

ACTE VIII

À la mort de Platon, la situation en Égypte est loin d'être pacifiée. Aussi Atlas décide-t-il de reporter son départ.

En 332 av. J.-C, Alexandre de Macédoine, dont Aristote fut le précepteur, marche sur l'Égypte et vient à bout, un an plus tard, de l'armée de Darius III, libérant le pays du joug des Perses. Alexandre le Grand devient ainsi le nouveau pharaon. Afin de célébrer sa victoire, il fonde dans le nord de son nouveau pays une cité qu'il baptisera Alexandrie.

C'est donc plus de sept ans après la promesse faite à Platon qu'Atlas embarque pour Alexandrie, où il demande une audience au jeune pharaon. Il l'obtient rapidement grâce son amitié avec Aristote, qu'il a longuement côtoyé au sein de l'Académie et qui lui a confié une lettre de recommandation.

Alexandre réserve le meilleur accueil à son visiteur, qui ne peut que se sentir en confiance et libre de tout révéler. Il rend les papyrus secrets au jeune pharaon, premier de la nouvelle dynastie macédonienne, avant de lui raconter l'histoire de la trilogie de Platon, et de lui faire part de sa volonté de lui confier l'*Hermocrate*.

Alexandre accepte de mette les papyrus en lieu sûr, s'engage à prendre soin du dernier volume de la trilogie et à le lire, avant d'annoncer à Atlas que, dès le lendemain, il entame une nouvelle campagne militaire : Alexandre s'apprête à conquérir l'Orient, la Perse, puis l'Indus. En définitive, le monde.

*

Huit ans plus tard, alors que, dans la vallée de l'Indus, l'armée d'Alexandre le Grand doit battre en retraite après une redoutable bataille, Atlas reçoit en plein cœur la flèche empoisonnée d'un archer brahmane.

C'est ainsi que meurt Atlas d'Athènes, esclave affranchi d'un des plus grands philosophes du monde grec, devenu le compagnon d'armes d'un des plus grands conquérants de l'Histoire.

Le monde de l'Âme

Une mer cristalline entoure Atlas. Les limites avec le ciel n'existent plus. Les multiples scintillements des reflets du soleil sur l'eau l'éblouissent.

— Bienvenue à toi, ô noble Atlas.

— Je me rappelle être venu ici... sous une autre forme, dans un autre lieu, dans un autre temps.

— Et tu sais que je sais que tu sais, n'est-ce pas ?

— Oui, cela aussi, je le sais.

Déesse ou dieu, femme ou homme, celle ou celui qui se dresse devant Atlas possède tous les attributs mâles et femelles de la nature, porte la couronne rouge de la Basse Égypte, arbore avec fierté son arc et ses flèches.

— Comment choisis-tu de me nommer, Atlas ?

— Le commun des mortels a choisi de te nommer déesse. De la même manière, il a choisi de nommer les premiers Atlantes Zeus et Poséidon. Je pense que je vais te nommer Neith.

— Je vois que tu te rappelles l'importance des mots, de ce qu'ils cachent... Tu te rappelles ce que tu as cherché sous le rocher, n'est-ce pas ?

— Oui, je me rappelle.

— Tu dois te rappeler aussi que Neith signifie « eau ». Ainsi n'ai-je aucune forme tout en les ayant toutes. Je suis la forme suprême, la non-forme. Tu m'as choisi ce nom. Qu'il en soit ainsi... À présent, Atlas, révèle-moi ce que tu as appris, dans cette vie qui fut la tienne ?

— Je crois que j'ai su faire preuve d'honnêteté en m'engageant à voir, accepter et dire la vérité.

— Ce fut ainsi en effet. Et quoi d'autre ?

— Je n'ai pas jugé. Je n'ai pas émis de jugements sur les individus en fonction de leurs pensées, de leurs valeurs, de leurs croyances.

— Ce fut aussi ainsi. Autre chose, Atlas ? Souhaites-tu ajouter un autre enseignement ?

— Oui, si tu le permets.

— En te posant la question, je ne peux te permettre que ce que tu te permets déjà

Atlas prend un temps pour se recueillir.

— Tu as tout ton temps Atlas. J'ai l'éternité devant moi.

— Je souhaite ajouter l'ouverture d'esprit. J'ai le sentiment que j'ai su considérer des idées, des perspectives et des façons de penser nouvelles et différentes.

— Et ainsi tu as accordé de l'attention à de nouveaux concepts et approches, que tu les aies adoptés ou non.

— Oui.

— Alors, quel est ton besoin, Atlas ?

— J'aimerais me rappeler...

— Te rappeler quoi ?

— Me rappeler pourquoi tu représentes à la fois la création, la sagesse et la guerre ? N'est-ce pas paradoxal ?

— Cher Atlas, ton chemin se poursuit et, ainsi, tu apprends. Laisse ta carte du monde se dissoudre dans l'océan des croyances. Qu'est-ce que la guerre pour toi, Atlas ?

— La destruction, le conflit, la violence, le massacre, l'anéantissement... la mort.

— Et que serait la sagesse ?

— La création, la paix, le calme, la genèse, l'éveil... la vie.

— Et que sont la mort et la vie si ce ne sont les parties d'un tout ? Tu vois, il te semble plus facile de parler de la séparation plutôt que de ce qui est unité. Ainsi je suis autant la création que la sagesse et la guerre. Ainsi j'ai tissé l'Univers, sans répit. De ma propre chair, j'ai tiré la matière et conçu le ciel d'où surgit la lumière.

Atlas prend un temps de réflexion, respirant profondément.

— Je me rappelle qu'on peut ne pas comprendre tes mots, que nous avons juste à les ressentir.

— Quelle est ta demande, Atlas ? Que cherches-tu à comprendre ? De quoi souhaites-tu te rappeler ?

— La guerre... J'aimerais me rappeler les raisons de son existence.

— Te souviens-tu de ta précédente visite ici ?

— Oui je me rappelle. Et plus je me rappelle… plus je me rappelle.

— Te souviens-tu que la réalité de ce qui est extérieur est due au regard que tu portes sur ce monde-là ? Que l'extérieur reflète l'intérieur ?

— Oui, je me rappelle.

— Recentre-toi. À partir de quel espace en toi regardes-tu la guerre ? Car tu as à te rappeler qu'il n'y a jamais eu de guerre. La croyance de guerre qui se trouve à l'intérieur de certains est extériorisée dans le monde ; elle est ainsi matérialisée. Si tu portes la guerre en toi, tu matérialises la guerre. Si tu portes la paix, tu matérialises la paix.

— Maintenant, je me rappelle, oui.

— Oui, Atlas. Et tu sais que la guerre intérieure de chacun s'ajoute à celle des autres. Ainsi se multiplient les conflits, créant le chaos et la séparation. Lorsque quelqu'un porte la paix, il amène la paix.

— Je me rappelle.

— Et ainsi tu apprends, Atlas... Quelle peut être la guerre la plus injuste si ce n'est celle que l'on mène envers soi-même ? Quelles sont les issues si nous perdons ces batailles qui se livrent en nous ? Les perdre, c'est rester dans la dualité et ne jamais atteindre l'unité. Ainsi les hommes se battent-ils avec fierté, se combattent entre eux, depuis la nuit des temps, pour masquer le simple fait qu'ils se battent contre eux-mêmes, depuis la nuit des temps.

— Alors, pour trouver la paix, intérieure comme extérieure, nous devons mettre fin aux conflits intérieurs ?

— Je dirais plutôt « mettre fin aux conflits avec soi-même » et, par conséquent, avec ceux qui nous entourent. Tu ne penses pas ?

— Oui je me rappelle, c'est cela. Et je l'ai toujours su.

— C'est cela, oui : je ne suis ici que pour que vous vous rappeliez. Au fond de toi, tu l'as toujours su. Toi et les autres, vous l'avez toujours su.

— Alors, j'ai à accepter l'existence de ce combat en moi pour le reconnaître et l'accueillir, n'est-ce pas ?

— Oui. Connaître la paix, c'est accepter le combat, l'accueillir avec Amour, sans nul jugement. Ainsi tu admets l'existence d'une pulsion de guerre en toi. En prenant le temps d'observer, tu comprends que la guerre est un appel à l'Amour, elle aussi. Tu es ta propre guerre, tu es ta propre paix…

Atlas s'allonge à la surface de l'étendue d'eau infinie. Son corps est doucement porté par les flots, ses yeux sont rivés sur les nuages qui dessinent des formes qu'il connaît. Il continue d'écouter Neith :

— Si tu veux la paix, sois en paix avec toi-même. Les guerres disparaîtront alors. C'est ta décision, ton choix. Un choix qui impactera l'ensemble de tes actes, des actes de toutes tes vies. Tous tes combats se perpétueront tant que tu n'auras pas fait la paix à l'intérieur... Les hommes sont tels des enfants au bord d'un lac : ils jettent des galets dans l'eau, s'étonnant des remous créés alors. Puis, très vite, l'eau retrouve sa quiétude. Tu es le seul à décider de créer des remous ou d'observer cette immobilité. Tu es le seul à décider de jeter des galets ou non.

Atlas observe les nuages s'étirer à l'infini dans le ciel paisible, se rassembler, se teinter de gris puis de noir, créant un ciel d'orage, puis s'étendre à nouveau, retrouvant la pureté du blanc.

Et le temps, qui n'existe pas, passe…

Alors qu'il se rappelle, fixant le ciel à présent clair, un miroir apparaît entre Atlas et Neith.

Atlas se redresse et fait face au miroir.

— Je me rappelle.

— Oui, Atlas, tu te rappelles.

Le miroir reflète l'image d'Atlas. Le reflet se trouble soudain et se transforme. Il prend d'autres couleurs, d'autres formes.

— Tu as été ce grand khan qui a connu les victoires et les défaites, la colère et l'Amour. Tu as franchi l'étape du pardon des parts d'ombre.

Et alors qu'Atlas se rapproche du miroir, la silhouette de Kūbilaï Khān apparaît puis se mue en celle d'un jeune homme.

— Tu as aussi été ce jeune homme. Tu as su faire preuve d'assurance et apprécier la valeur et la beauté en toute chose.

Et avant même qu'Atlas ait pu tenter de s'approcher du jeune homme, la silhouette change.

— Tu as aussi été cette femme. Elle a fait preuve de foi, de courage et de confiance.

— Ai-je acquis ces valeurs-là ?

— Oui, tu te rappelles. Tu sais. Tu as franchi des étapes du voyage et tu as appris à chaque moment.

— Et avant cela, qui ai-je été ?

— Avant ? Après ? Tu as traversé les temps, les époques, les continents, les pays...

La silhouette disparaît. Un nuage se forme et se transforme, tantôt nuage d'orage, dans des gris sombres, tantôt d'un blanc immaculé, s'étirant dans l'horizon du miroir. Soudain, un homme entouré de livres dont les reliures dorées brillent de mille feux apparaît.

— Voici un autre voyage de ton Âme, dans un autre corps, un autre temps, une autre forme.

— Je me rappelle. Je suis toutes ces vies.

— Toutes ces vies et bien d'autres, oui.

À nouveau, le reflet prend une autre forme.

Alors Atlas s'approche du miroir, en caresse le reflet qui se trouble sous ses doigts :

— J'ai vécu tout cela. Je le sais.

À ces mots, le reflet reprend la forme d'Atlas. Entouré de livres brûlant dans les flammes, il serre contre lui de son bras gauche un grimoire à la couverture cuivrée. Dans sa main droite, il tient un petit sabre à la lame courbe, une entrave de fer enserre sa cheville gauche. Les éclairs électrisent son reflet… Il est tous ceux-là.

— Vois-tu, Atlas ? Tu es Atlas tout autant que les autres. Ton Âme est tout cela. Tu as suivi ton chemin à travers ces vies et tes familles d'Âmes l'ont fait aussi. Quand tu comprends pourquoi tu choisis ta famille, qu'elle te considère grand ou petit, qu'elle te maltraite ou t'apporte de la tendresse, qu'elle t'adule ou te brûle… alors tu commences à suivre le fil d'Ariane.

— Le fil d'Ariane ?

— Atlas, la vie n'est pas aléatoire. Si les humains y portaient plus d'attention, ils verraient qu'une ligne directrice est là, depuis le début. As-tu remarqué que certains évènements se répétaient ? Dans les relations, en amour comme en amitié. Rien n'est laissé au hasard. Et la façon dont chacun le comprend dit où il en est dans son voyage intérieur.

— Alors nos épreuves, nos blessures ont un sens ?

— Elles ont une raison d'être, oui. En tant qu'humain, tu as la possibilité de garder tes blessures comme des plaies, à l'intérieur de toi. Tu peux choisir de ne jamais les dépasser, tu peux t'attarder sur elles et les creuser encore et encore...

— Ou bien ?

— Tu peux décider de les poser devant toi, comme les pièces d'un puzzle, de prendre du recul et de les laisser te parler de toi, de ce que tu as à apprendre, des étapes qu'elles représentent. Et tout ce que tu vis, je dis bien tout, constitue les pièces du puzzle de ta vie. Cela peut te toucher, t'éveiller, t'apprendre, te faire grandir... Ainsi, en observant, tu es en train de vivre un appel.

— Un appel ?

— Dis-moi quel est ton besoin, Atlas ? Prends tout ton temps, j'ai l'éternité devant moi.

Atlas s'assoit en tailleur à la surface de l'eau et prend une longue inspiration.

— J'aimerais me rappeler ce qu'est l'appel.

— L'appel te propose de suivre l'Amour, ta vision, ton rêve, ton Âme. Il te propose de quitter le conditionnement, de te rappeler que chaque vie est un royaume dont tu es le souverain. Tu es ta propre autorité, tu n'obéis à aucun autre que toi : c'est là que réside ta souveraineté. C'est, au début, le plus difficile des chemins à suivre. C'est une pente escarpée. Pourtant, une fois cette pente gravie, on arrive dans un espace où tout n'est que compassion et Amour. Tu acceptes ainsi ce qui arrive dans ta vie, quoi que ce soit. À cette étape, nous aimons la goutte qui fait déborder le vase, car c'est ainsi que commence le changement. Comprends-tu ?

— Oui...

— Ainsi, tu transcendes l'illusion. Et lorsque tu comprends que tu es le souverain de ton royaume, tu peux prendre conscience que certaines choses qui te semblaient être impossibles sont possibles.

— On peut faire l'impossible ?

— Possible ? Impossible ?... Dis-moi Atlas, est-ce qu'un homme peut voler ?

— Non, bien sûr que non !

— Il ne vole pas jusqu'à ce qu'un homme décide qu'il volera. Alors il volera. Il répond à son appel. Et toi, t'es-tu déjà demandé ce que tu faisais là ? Dans cette vie-là ?

— Oui…

— Alors tu as entendu cet appel.

— J'aimerais me rappeler.

— Un appel, c'est découvrir ce qui est puissant en soi : il suffit de répondre à ce qui est, de trouver dans sa vie ce qui apporte une joie immense. Elle permet de sortir de soi-même.

— Comment se manifeste cet appel alors ?

— Quand tu entends l'appel, tu peux librement choisir de l'accueillir ou de considérer qu'il va te demander trop d'efforts et renoncer à l'écouter. Tu réalises que cela va te demander un engagement phénoménal, car tu comprends que tu es venu faire quelque chose dans cette vie, et que cela lui donne un sens plus profond. Cette étape est déjà pour les Âmes éveillées. Car tu seras mis à l'épreuve.

— Mis à l'épreuve ?

— Oui. Lorsque tu vis dans le jardin de l'innocence, tu es comme un jeune enfant. Et la tragédie poignante de toute vie humaine, c'est que nous sommes chassés du jardin et devons traverser le désert.

— Alors, comment faire quand c'est trop difficile ?

— Ce n'est pas difficile. C'est un simple blocage. Il n'y a rien à contrôler.

— On ne peut rien faire ?

— Imagine que tu doives contrôler l'océan. L'as-tu déjà contrôlé ?

— Non, bien sûr que non.

— Alors imagine qu'un blocage est un océan, et laisse-toi porter par ses vagues. Accueille simplement ce qui arrive. Alors tu ne seras plus conduit par l'ego. Car ton voyage est un voyage d'espoir, une guérison profonde.

Atlas accueille les mots qu'il entend, il les assimile. Ainsi, il se rappelle.

— Et qu'arrive-t-il ensuite ?

— Tu accueilles toutes les joies et toutes les souffrances qui t'ont éveillé pour t'en servir sur ton chemin de vie.

— Peux-tu m'aider ?

— Quel est ton besoin ?

— J'aimerais savoir comment faire pour prendre conscience de tout cela.

— Je t'entends, je t'écoute.

Alors, devant Atlas, un métier à tisser apparaît. Et Neith se met à tisser.

— Observe mon métier à tisser les vies. Est-il fait d'une seule couleur, d'un seul fil, d'un seul élément, d'une seule partie ?

— Non… Il est multiple.

— Il est multiple en effet, tout comme moi, tout comme toi, tout comme tous. Il est multiple tout en étant Un. C'est un Tout. Rappelle-toi autre chose, Atlas : toute vérité n'est vraie qu'au niveau de conscience où elle est formulée.

Atlas observe Neith qui tisse sans répit.

— À présent Atlas, il est temps pour toi de reprendre ton voyage.

— Que me réserve ma prochaine vie ?

— Je vais te le dire, car lorsque tu y seras, tu ne t'en souviendras pas. Seules les couleurs que tu as acquises resteront imprégnées en toi car à présent, elles sont.

— Oui, les couleurs, je me souviens. Je fus Kūbilaï tout autant que Tashiro, Fakhane et Bilal. Je me rappelle.

— Et qui d'autre encore ?

— Je fus celui qui apprit à accepter son rôle quelles que soient les facettes, je fus responsable. Et j'ai aussi su contrôler mes émotions et mes désirs.

— Et ainsi tu fus Joseph. Et en faisant preuve d'honnêteté, d'absence de jugement et d'ouverture d'esprit, tu fus Atlas.

— Alors que me reste-t-il à parcourir ?

— Quelle est ta demande, Atlas ?

— Que se passe-t-il après ?

— Il n'y a ni avant ni après. Considères-tu que tu as tout traversé ?

— Je ne crois pas.

— Ton Âme a voyagé de corps en corps, elle a ainsi pu croître et acquérir des qualités fondamentales que nous venons de nommer. Te sens-tu prêt pour ta prochaine vie ?

— Oui, je me sens prêt.

— Ce sera ta dernière incarnation. Tu ne reviendras plus par la suite. Sache-le.

— Qu'y aura-t-il ensuite ?

— L'interrogé n'en sait pas plus que celui qui l'interroge. Tout ce que nous savons, c'est que nous continuons sur d'autres plans.

Et Neith commence à tisser ce que ses mots avaient déterminé.

— Comment débutera cette nouvelle vie, Neith ?

— Par le plus important, par ce début qui trace déjà le chemin que tu suivras. Elle commencera par la façon de te nommer.

Et Neith continue de tisser.

— Pour commencer, comme je le fais pour chacun, je soufflerai ton prénom. Dans ton cas, je le soufflerai à l'Âme de ta mère, car ton père, lui, t'abandonnera. Et cela aussi tu l'auras choisi, car c'est ton chemin. Ton nom portera le mouvement avec la lettre S, ainsi que des racines, avec le T de l'élément Terre. Le E sera présent par deux fois, car il représente le matériel, le spirituel et le divin réunis par la barre verticale de l'Unité. Il portera aussi le V, la lettre de la précision, celle qui ramène à un centre. Tout cela te rappellera que tu es au service.

Neith s'arrête de tisser pour pincer les fils de son ouvrage par cinq fois, faisant ainsi vibrer le son de chaque lettre : S...T... E...V... E. Et l'écho du prénom résonne dans le bleu du ciel.

Alors qu'il l'écoute disparaître, celui qu'on nomme désormais Steve se rappelle.

— Pourquoi dis-tu que je suis au service, Neith ?

— Tu l'es, toi, comme vous l'êtes tous. Tout ce que tu as vécu dans tes autres vies te mène jusqu'ici. Dans ta prochaine vie, tu auras à faire face à de multiples obstacles. Sois toujours conscient qu'une Âme ne subit que ce qu'elle peut supporter. Ni plus, ni moins. Que tu le veuilles ou non, cela doit être, alors à quoi bon refuser ce qui est déjà ?

— Oui... je me rappelle. Ce que je prenais pour des obstacles dans certaines vies avait une raison d'être. J'avais à suivre le chemin, c'est cela ?

— Oui, et tu avais pleinement la responsabilité de choisir ce que tu faisais de ta vie, des obstacles, comme tu dis. Les obstacles permettent d'accomplir la transformation créative. Toutes tes parties, tout ce que tu es, se mettent en harmonie. Tes parties communient. Ce que tu considères être un obstacle te permet d'accéder à ta transformation. Ainsi, chaque partie de toi est respectée et valorisée. La connexion entre toutes ces parties peut se faire. Tu atteins la quatrième étape : l'intégration. Et alors tu atteins l'Unité. Tu es.

— Alors, selon ce que je désire, j'aurai précisément... ce que j'ai désiré ?

— Pas selon ce que tu désires... Selon la pureté de ton désir. La pureté de ton intention déterminera la pureté de la manifestation.

— La pureté de la manifestation ?

— Oui. Ce monde est comme une montagne qui renvoie ta voix, ton écho. Quoi que tu dises, cela te reviendra. Par conséquent, quand une personne nourrit des pensées négatives à ton égard, exprimer en retour de mauvaises pensées à son propos ne pourra que faire empirer la situation. Au lieu de cela, pendant quarante jours et quarante nuits, je t'invite à dire des choses positives sur cette personne. Au terme de ces quarante jours, tout sera différent, parce que tu seras différent intérieurement.

— Je commence à me rappeler...

— Et tu te rappelleras aussi que toute ta vie te préparera à une seule et unique chose : transmettre et aider à travers tes écrits. Nous te guiderons. Parfois, tu ne sauras pas d'où te sont venus les mots. Nous les soufflerons à ton oreille. Tel est le service que, toi, tu rendras. Si tes paroles ne sont pas couchées sur le papier, elles s'envoleront. Seuls tes ouvrages perdureront.

— Alors que dois-je faire précisément ?

— Précisément ? Laisse-toi être, Steve. Tes ouvrages sont déjà dans mon tissage

Neith tisse, encore et encore, sans relâche. Les fils noirs, rouges, turquoise, bleus, or et blancs s'entrecroisent à une vitesse impressionnante.

— Tu n'écriras pas ce que tu désires, Steve. Tu écriras selon la pureté de ton intention.

— Comment pourrais-je la rendre pure ?

— En étant au service, comme je te l'ai dit. Tu es un serviteur. Tu es au service. Tout comme vous l'êtes tous.

Neith tisse ses mots sans répit. Et Steve observe la trame de sa vie, faite du karma et des vies à mener.

— Pour ton dernier voyage, je vais engrammer quelque chose dans ton Âme. Quand tu seras dans ta prochaine vie, rappelle-toi que tes paroles seront exclusivement entendues par ceux qui font partie de ta famille d'Âmes. Tu les reconnaitras et ils te reconnaîtront. Tu arriveras dans une époque de grands bouleversements, l'une des pires qu'a connu l'humanité. C'est aussi, pour ceux qui s'éveillent, la plus belle période qui soit. Sais-tu de quoi je parle ?

— Non. Je ne parviens pas à me rappeler...

— L'époque dans laquelle tu vas vivre est celle des plus grands troubles, tout autant que celle des plus grands éveils. Toutes les Âmes réunies à cette époque seront celles qui ont demandé, accueilli et accepté l'intensité et les enjeux liés à cette ère-là. Ces moments seront décisifs pour l'humanité tout entière. Son avenir dépendra d'une étape fondamentale : le choix du pardon des parts d'ombres.

— Qui pourra nous guider vers cette étape ?

— Seul un véritable changement intérieur le pourra. Nul guide, nul gourou, nul chef, nul texte, nul élément extérieur à soi n'apportera de changement aussi important que celui qui peut naître au cœur de chaque être. Il appartiendra à tout être humain de se pardonner et de pardonner à autrui, quel qu'il soit.

— Comment connaître le chemin à suivre, alors ?

— Chacun peut choisir de se rappeler. Les humains peuvent continuer de s'affronter au nom de leurs croyances, de leur ego, de leur race et de leur genre, et demeurer ainsi séparés, faibles et divisés. Ils peuvent aussi choisir d'accueillir ce qu'ils nomment « différences », en faire une force, accepter et ainsi être un Tout, être l'unité. Périr ou s'unir…

— Périr ou s'unir… Est-ce un combat ?

— C'est un choix. Rappelle-toi du karma : tous tes combats se perpétueront encore et encore si tu n'as pas fait la paix à l'intérieur de toi.

— Le karma… Je me rappelle…

— Tu peux choisir : faire la paix ou faire la guerre. C'est ta décision. Sache pour autant qu'en choisissant la guerre, tu reviendras encore et sans cesse. Sache aussi que si tu choisis l'autre voix, dès que tu commenceras ce chemin, tu ne reviendras plus jamais ici, tu ne seras plus réincarcéré.

— Alors, ce choix… ?

— Oui, Steve ?

— Ce choix… Cette décision ... portent-t-ils un nom ?

— Tu te rappelles à nouveau l'importance des mots…

— Oui, je me rappelle…

— L'époque à laquelle tu arriveras est liée à un choix qui correspond à un moment décisif pour l'humanité. C'est un nouveau cycle karmique. Chacun pourra se rappeler que le choix de la paix est possible. Cette décision est cruciale car elle mettra un terme à ce que certains d'entre vous appellent « réincarcérations » et d'autres « réincarnations ».

— Et, ici, comment est-ce nommé ?

— Réinkarmation.

Neith se tait.

Et le silence, celui qui est l'origine et la finalité de toute parole, prend sa place.

Et Neith garde le silence plutôt que de le remplir de vérités criantes.

Le calme, l'équilibre et l'harmonie emplissent l'espace.

Steve ferme les yeux et savoure cet instant de grâce. Ainsi, il fait l'expérience de la pensée entre deux silences.

Et ainsi, il se rappelle l'absence de jugement.

Et ainsi, il se rappelle l'absence de dualité.

Et ainsi, il se rappelle l'équilibre des contraires.

Et ainsi, il se rappelle qu'il n'est pas ses émotions.

Et ainsi, il se rappelle qu'il n'est pas ses pensées.

Et ainsi, il se rappelle qu'il n'est pas la somme de ses croyances.

Et ainsi, il accueille tout ce qui est.

Et ainsi, il se rappelle qu'il est responsable de ses choix.

Et ainsi, il se rappelle qu'il est le propre souverain de son royaume.

Et ainsi, il se rappelle qu'il est au service.

Et ainsi, il se rappelle qu'il est un Tout.

Et ainsi, il se rappelle l'Unité.

Et ainsi, il se rappelle de s'aimer inconditionnellement.

Et ainsi, il se rappelle l'Amour.

Et ainsi, il est l'Amour.

Et ainsi, il est.

Alors, il ouvre les yeux.

Et le tissage de Neith se met à briller. Ses éclats dorés emplissent l'espace.

Neith s'approche de Steve pour chuchoter à son oreille :

— Tu viens de vivre l'état que peut connaître l'humanité si elle fait ce choix. Ainsi, tu viens de définir « réinkarmation ».

Et l'écho du mot se fait entendre dans le bleu du ciel.

Neith tisse à nouveau sans relâche.

— Es-tu prêt, Steve ? Es-tu prêt pour toi et pour toutes les Âmes qui nous entourent et qui vont s'incarner elles aussi ? Êtes-vous prêts à faire ce voyage ensemble ?

— Oui, nous le sommes.

Alors, peu à peu, les Âmes apparaissent aux côtés de Steve. Neith se lève et prononce ces mots, extraits du parchemin de la Montagne sacrée :

« J'en appelle à toutes les Âmes qui sont ici
présentes. Je vous invite, tous, à répéter après moi
chacune de ces phrases :

J'invite toutes les Âmes présentes à communier
à travers l'espace et le temps.

J'invoque ici et maintenant tous mes ancêtres
de la lignée paternelle.

J'invoque ici et maintenant tous mes ancêtres
de la lignée maternelle.

J'invoque ici et maintenant toutes les mémoires
familiales transgénérationnelles.

Je vois, je reconnais et j'honore toutes vos
expériences passées, vos souffrances et vos peines.

Je vois, je reconnais et j'honore toutes vos blessures,
peurs, rancœurs et colères.

Je vois, je reconnais et j'honore tout le poids de vos
échecs, erreurs, frustrations et désirs non assouvis.

Je vois, je reconnais et j'honore toutes vos
expériences de rejet, d'abandon, d'humiliation
et de trahison qu'elles soient commises ou subies.

Je vois, je reconnais et j'honore tous vos désirs de vengeance, vos sentiments d'impuissance et de haine.

Ancêtres de la lignée paternelle, ancêtres de la lignée maternelle, je vous vois, vous honore et vous aime.

Je vous remercie pour ces enseignements, pour ces expériences qui ont traversé des millénaires et de génération en génération sont parvenues jusqu'à moi.

En ce jour, je décide et choisis de vous libérer de vos mémoires négatives et erronées.

En ce jour, je décide et choisis de me libérer de ces mémoires qui ne m'appartiennent pas.

En ce jour, je décide et choisis de me libérer des blocages, peurs, échecs et répétitions qui impactent ma vie et celle de ma descendance.

J'invoque donc toutes les Âmes qui m'entourent pour qu'ils m'assistent dans ce processus de nettoyage et de libération.

Je vous demande humblement d'éliminer et purifier toutes les mémoires lourdes qui sont de ma lignée mais qui ne m'appartiennent pas.

Je vous demande de me libérer des chaînes du passé qui m'ont été transmises mais qui ne servent plus mon plus grand bien.

Je vous demande de me permettre de conserver uniquement les liens d'Amour qui me lient à ma lignée.

Je vous demande d'envoyer votre énergie de guérison sur toutes ces mémoires pour les transmuter en Pure Lumière.

Ici et maintenant, je peux vivre mes propres expériences et changer de direction.

Ici et maintenant, j'accepte et j'accueille ce nouvel engrammage nécessaire à mon évolution.

J'exprime ma profonde gratitude à mes ancêtres, qu'ils demeurent dans la Lumière à jamais.

J'exprime ma profonde gratitude à toutes les Âmes qui m'entourent d'avoir permis la purification et la transmutation de ces anciennes mémoires et de m'en avoir libérée.

Ici et maintenant, je suis libre de toute entrave et je peux cheminer dans la Lumière, la Paix, la Sérénité et l'Amour. »

Neith lève l'index de sa main gauche, ce doigt même qui indique le chemin à suivre, s'approche de Steve et de chaque Âme présente à ses côtés, pose son index au-dessus de la lèvre supérieure de chacun, les marquant d'une empreinte, puis prononce ces mots :

— Que chacun se rappelle ce qu'il doit se rappeler.

À ces mots, le vent se met à souffler. La surface de l'eau s'agite. Les vagues commencent à déferler.

Alors que chaque Âme prend son chemin, les eaux montent autour du corps de Steve, qui perd tous ses repères. Les flots ne le portent plus. Et juste avant de perdre connaissance, il entend, comme dans un écho :

« Ô Âme, durant ton rêve éveillé, ne te rendors pas ! »

1996

Un village paumé au milieu des montagnes en Afghanistan, au petit matin. On est en plein hiver. Il neige et le soleil vient à peine de se lever. Le paysage est recouvert de blanc. C'est calme, c'est apaisant. Les bêtes sont à l'étable, les gens restent au chaud, on entend juste le chant de quelques oiseaux affamés.

C'est là que mon escadron de la mort débarque.

Il nous faut cette balise ennemie et on nous a donné des ordres : rien ni personne ne doit entraver notre mission. Si les villageois s'interposent, il faudra les tuer tous : hommes, femmes et enfants. Il se pourrait que deux ou trois d'entre eux possèdent des explosifs. Et même un explosif artisanal, je peux te dire que ça t'arrache une jambe ou une tête sans problème. Nous sommes douze. Il en faut au moins deux de saufs pour récupérer la balise, la mettre en lieu sûr puis la ramener au camp de base.

Les villageois nous ont repérés. Les hostilités commencent. En quelques minutes, le silence cède la place à un boucan de tous les diables. Un rouge visqueux tache le blanc immaculé. Les tirs se multiplient, ça pète dans tous les sens. Les villageois se sont dispersés. On est encerclés. Une partie de l'escadron doit couvrir l'autre partie pour qu'elle traverse le village et atteigne le versant de la montagne où la balise est cachée. On a tout préparé mais, en face, les gens du village ne nous laisseront pas passer. Ça tire de plus en plus. Le bruit des détonations se mêle aux hurlements des blessés. Un de mes potes prend une balle dans l'œil, la moitié de son cerveau part avec et s'écrase sur l'uniforme du type derrière lui. Je n'ai même pas le temps de vomir ou de crier. On tire en continu pour essayer d'abattre ceux qui tiennent les armes et nous canardent. Au passage, je tue une mère et son mioche. La mère tenait une arme et tentait de s'enfuir. Elle s'apprêtait à flinguer un de mes potes. Je lui ai tiré dans le dos, elle s'est effondrée, la tête la première dans la neige. Je découvre avec horreur que je viens de buter son gosse. Elle tenait le gamin dans ses bras, la balle les a traversés tous les deux. Ils baignent dans leur sang.

On tue sans réfléchir. L'adrénaline a pris le dessus. On entend des cris de tous les côtés. C'est compliqué d'y voir clair dans ce bordel. Derrière moi, mes potes tentent d'avancer à couvert mais ils progressent trop lentement. Une brèche se forme dans notre ligne de défense : la moitié de notre escadron est blessée. Deux mecs sont déjà morts. Nous réorganisons nos rangs pour remplir les trous et atteindre notre objectif.

L'essentiel, c'est la balise. Un pote et moi devons nous y coller. On n'a pas choisi. On nous a désignés pour cette mission bien avant le début du massacre. Alors on rampe comme des malades vers la montagne, le plus vite possible. Nos carcasses pleines de terre et de sang creusent de gros sillons rougeâtres dans la neige. On progresse mais les villageois ont appelé du renfort et des types avec des grenades à fragmentation se mêlent au combat. La ligne de défense est sérieusement touchée. À ce moment-là, une grenade tombe à dix centimètres du visage de mon pote devant moi. Le choc le soulève dans les airs, au ralenti, puis il retombe comme une poupée de chiffon, le ventre arraché, les boyaux à l'air. Il hurle de douleur et de terreur. Je sais, je ne devrais même pas me retourner, et tracer jusqu'à la balise sans me poser de questions. Mais je ne peux pas le laisser comme ça. C'est mon ami. Je l'attrape par les bras et le tire dans la neige pour arriver jusqu'à un abri. Fatale erreur : je ne vois pas le mec sur ma gauche. Je n'ai même pas fait quinze mètres quand une balle perfore mon cou. Le goût métallique du sang envahit ma bouche.

Game over.

[Ou pas.]

Le chapitre «1996» est extrait de Karma Sutra, *by Steve, First Éditions, 2020.*

À…

Tony *aka* Séraphin

Laurie *aka* l'Oracle

Mishka et Greg *aka* Niobé et Morphéus

Anissa et Jayro *aka* Perséphone et le Mérovingien

Safîr et Amir *aka* les jumeaux

Adama *aka* l'homme du train

Camille *aka* Prêtresse

Phillipe *aka* conseiller Hamman

Angela *aka* le Maître des clés

Caroline et Aziz *aka* Kamala et Ramakandra

Aline *aka* Sati

Trinity

… gratitude de haute magnitude
by Steve

22, 25, 26, 33, 34, 35, 72, 226